明明白白买保险

保险不是奢侈品，
而是必需品

MINGMINGBAIBAI
MAI BAOXIAN

江　涛　编著

SPM
南方出版传媒
广东经济出版社
·广州·

图书在版编目（CIP）数据

明明白白买保险 / 江涛编著. —广州：广东经济出版社，2019. 3（2021. 10重印）

ISBN 978-7-5454-6372-9

Ⅰ. ①明… Ⅱ. ①江… Ⅲ. ①保险—基本知识—中国 Ⅳ. ①F842. 6

中国版本图书馆CIP数据核字（2018）第195164号

责任编辑：余　朔
责任技编：陆俊帆

明明白白买保险
MINGMINGBAIBAI MAI BAOXIAN

出版人	李　鹏
出　版 发　行	广东经济出版社（广州市环市东路水荫路11号11～12楼）
经　销	全国新华书店
印　刷	珠海市国彩印刷有限公司 （珠海市金湾区红旗镇永安一路国彩工业园）
开　本	730毫米 × 1020毫米　1/16
印　张	14.25
字　数	210千字
版　次	2019年3月第1版
印　次	2021年10月第2次
印　数	5001～8000册
书　号	ISBN 978-7-5454-6372-9
定　价	39. 00元

图书营销中心地址：广州市环市东路水荫路11号11楼
电话：（020）87393830　邮政编码：510075
如发现印装质量问题，影响阅读，请与本社联系
广东经济出版社常年法律顾问：胡志海律师

前言
Preface

近年来，国家领导人非常关心老百姓的生活，各地纷纷施行了“安居工程”“菜篮子工程”，许多老百姓住进了过去连做梦也不敢奢望的楼房。按理说，吃得好、住得好，这人生的一大半愁事就算解决了。

随着我国经济体制改革的不断深入，许多疑难问题光靠政府“一担挑”已经是不现实的了。教育、就业、养老等生存压力迫使许多人会想“万一……怎么办”的事。为了更好地应对和降低风险，保险公司纷纷推出了各种保险项目：重大疾病保险、幸福长寿保险、为了明天保障计划险、少儿终身平安保险……真可谓包罗万象，让投保人挑花了眼。

那么，买了保险就万事大吉了吗？买了保险，保险公司对于投保人的“求救”，就会满口答应并慷慨地掏腰包了吗？许多投保人直到理赔时才发现，事情并没有想象的这么简单。

据我国保险行业协会介绍，最近几年，保险理赔投诉已成热点问题。造成这种现象的主要原因是一些保险代理人出于推销业务的需要，在向客户介绍某一险种时急功近利，对可能降低客户购买欲望的因素少讲或不讲，导致投保人对在理赔过程中出现的摩擦表示不满。据有关方面调查，其中有保险公司方面的疏忽，也有投保人的误解。有的客户会说“我投了保，出了事就得赔”“怎么只赔这么少”，对诸多险种、附加险的赔付并不了解；至于保险条款中规定的除外责任，客户并不明白，如果出现了摩擦，客户便将这种情况视为刁难而不能理解。

投保人购买保险是为了防意外，并希望“少花钱，多办事”，但保险公司的工作却是商业行为。细细琢磨每一份保单上的条款，可谓洋洋数千字，条款上百条，专业术语晦涩难懂，处处隐藏着警示的话语。为了帮助读者买保险买得明白、理赔赔得顺当，我们编写了《明明白白买保险》这本书。

《明明白白买保险》一书由“人生第一份保险该如何买”导入，由浅入深，分六个章节进行详细的介绍，具体内容包括：“正确认识保险”“深入了解保险”“理性选择保险”“合理规划保险”“放心购买保险”“慎重对待保险”。本书能帮助投保人有效防范各家保险公司的经营风险，减少保险人与被保险人、保险人与受益人之间的误解和摩擦，同时也可以减少各家保险公司在售中及售后服务方面的不必要的麻烦，消费者因为不懂保险知识而被保险代理人“忽悠”的情况有望得到改观。

本书采用模块化设置，每章均设有“要点解析”“答疑解惑”“投保指南”三大板块，篇章页的背面是“保险箴言”，正文有“保险贴士”“相关链接”“经典案例”等栏目，内容全面、条理清晰、图文并茂、浅显易懂，有很强的针对性和实用性。

本书从保险投保人或保险受益者的角度出发进行编写，既可作为保险购买者的消费指南，也可作为保险从业人员（保险代理人、保险经纪人）上门拜访客户时的见面礼，同时还可作为培训机构的培训用书，或者供保险从业者在进行自我进修以便提升业绩时使用。

目录
Contents

导读　人生第一份保险该如何买

随着老百姓保险意识的不断增强，购买保险的人越来越多，因为大家已经认识到保险可以有效抵御风险，免除后顾之忧。现如今，购买保险已经成为家庭财务规划的重点。但是大家也不能盲目购买保险，首先要考虑的不是买什么保险、买多少保险，而是我们该如何购买保险。

一、明白购买保险的目的

我们为什么要买保险？其实买保险就是在许一个美好的愿望。我们固然希望平安、健康，可是现实并非一直如我们所愿，保险虽然不能阻止意外的发生，但起码可以从经济方面给予保障，使我们受到的伤害不至于继续扩大。

为什么要买保险？我们可以从下图所示的两个方面进行分析。

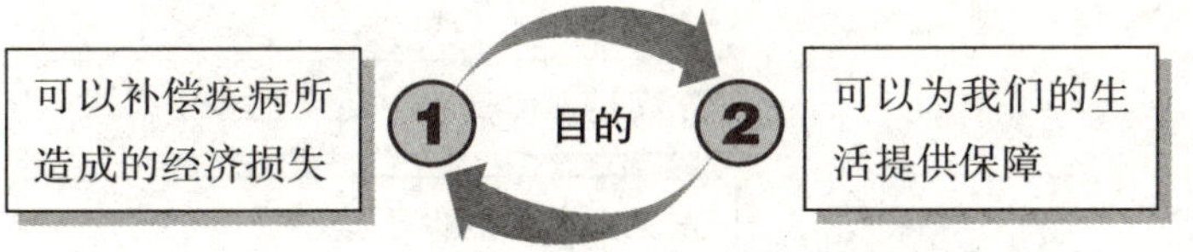

购买保险的目的

1. 可以补偿疾病所造成的经济损失

人没有拒绝生病的特权，但明智的人懂得防患于未然。疾病并不可怕，庞大的医疗负担才最可怕，为自己和家人投保一份保险可以负担部分或免除重大开支。

赵阿姨一直投保着××保险，每到续保的时候都很及时地缴费，不会拖欠保费。赵阿姨觉得××保险公司的口碑不错，之所以选择它是因为前几年自己因病住院花了很多钱，没想到反馈给××保险公司很快就得到了赔付。

2. 可以为我们的生活提供保障

购买保险既可以减低意外事故所造成的损害，也可以避免自己及家人陷入绝境，并且无需担心因自身收入能力的降低或丧失谋生能力而带来的压力。

陈先生因为工作性质的缘故为自己投保了一份意外伤害险。一次在搬运货物的时候，陈先生不幸被重物砸伤，导致头骨破裂，需要做开颅手术才能挽救生命。陈先生遭遇意外后花光了家里所有的积蓄，好在保险公司给了一大笔赔偿金，不仅还掉了所有的欠款，还留下一部分钱作为陈先生后期的疗养费用。

二、了解购买保险的原则

不管是从个人角度还是从家庭角度出发，首次购买保险都应遵循下图所示的原则。

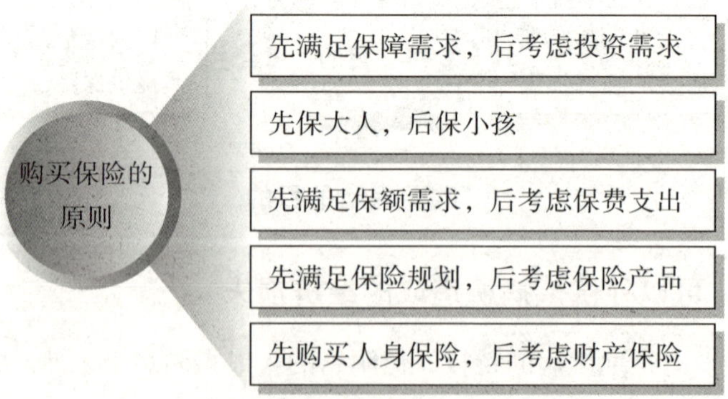

购买保险的原则

1. 先满足保障需求，后考虑投资需求

意外、疾病是人生中最难预知和管控的风险，保险的保障意义很大程度就体现在这两类保险上。所以，在经济状况一般的情况下，先考虑买这两类保险。

2. 先保大人，后保小孩

对孩子来说，最大的保障来自于父母，即便没有保险，出现了问题也还有家长来想办法解决，但是如果是孩子所依赖的父母出了意外，没有任何经济能力的孩子才是真的失去了最基础的保障。所以，先给赚钱的大人买保险，再考虑为小孩购买保险。

3. 先满足保额需求，后考虑保费支出

大部分人购买保险比较在意的是付出了多少保费，而不是关心购买的保险产品所能提供的保障范围和保障程度。事实上，保额比保费更重要，足额保险才是保险设计的根本原则之一。保费支出太少往往意味着保额不够、保障无力，不能达到真正保障的目的。

4. 先满足保险规划，后考虑保险产品

在考虑保险规划时，也不要一味地比较保险产品，而是要考量保险规划的整体性、前瞻性，根据自身需求合理购买。

5. 先购买人身保险，后考虑财产保险

在考虑买保险时，一定要分清主次。俗话说："留得青山在，不怕没柴烧。"人的保障始终比财富的保障更重要，在经济条件一般的情况下，先购买人身保险，再考虑财产保险。

三、走出购买保险的误区

现在国人的保险意识比前几年要强多了，可是应该怎么买、需要

关注哪些内容，很多人仍然存在误区，具体如下图所示。

购买保险的误区

1. 太注重投资回报

买保险的首要目的应当是转嫁风险，用尽可能小的成本获得尽可能高的保障。投资增值和回报不是保险的首要作用。所谓还本的保险，无非是在风险保障的基础上加了一份定期储蓄，而这个定期储蓄的回报你可以通过其他方式实现，但是风险保障的部分却只能通过保险来实现。

所以谨记买保险的首要原则不是关心投资回报率或者是不是还本，而是以小博大获得保障。意外保障及重疾保障，是老百姓首先应该关注的两个方面。

2. 只给孩子买保险

中国的家庭永远把孩子放在第一位，买保险也不例外，殊不知这样反而犯了大错。购买保险的正确顺序是先大人后孩子，先把“家庭支柱”保障好。只要大人健康地工作和生活，孩子的生存状况一般都不会太差；但如果作为家庭主要经济来源的大人发生了意外，孩子未来的境况恐怕就非常堪忧了。当然，要是经济条件许可，给大人和小孩同时买保险也没有问题，但切忌只给孩子买保险。

3. 有积蓄不用买保险

保险和积蓄都是应对风险的办法，它们之间的区别在于保险是利用较小的成本将较大的风险转嫁给保险公司，是一种集体互助行为，利用获得的保险金渡过难关；而积蓄则是风险完全自担的行为，万一出事了，积蓄可能一夜之间就用完了，甚至不够用，最终导致全家陷入困境。

4. 身体好不用买保险

保险与其他商品不同的一点是，买的时候没有用，用的时候不能买。保险一定是被保人在身体健康的时候才有资格购买，如果身体不佳，轻则会增加保险费用，重则会被拒绝投保。年轻人身体好，家庭责任轻，可以考虑购买短期健康险或意外险，万一出了什么事，也是对父母负责任的体现。越年轻保费就越便宜且越容易免体检通过，这是年轻人购买保险的优势。

5. 有社保不用买保险

社保注重平等，保障水平比较低，尤其是在得大病的时候保障程度很有限。而商业保险的保障范围比较广泛，保障程度可以由投保人与保险公司协商确定，能够满足各种人的不同需要。

6. 买保险不出事就亏了

其实，买保险就是为了以防万一，生病了有钱治病，不用在病床上担心明天的住院费；万一不幸离开了，还能留下一笔钱给家人。当然，不出事是最好的，一份保险换来一世的平安，怎可以用亏不亏来衡量?

7. 一味贪图便宜

有的投保人恨不得把所有公司的费率都比较一番，不找到最便宜的不罢休。要知道保险产品岂是光比价格就可以比个高低的?公司品牌、服务、口碑、理赔时效，这些也都是很重要的因素。

第一章 | 正确认识保险

保险箴言

保险是对生活的保障

家庭的财务计划应分为两部分：树干和树根。树干是消费性投资，以追求利润为目的，满足不断增长的物质需要；树根是保障性投资，即保险，提供基本的生活保障，维持生活品质。可能一阵风把树干刮断，一把火把树干烧了，但只要树根还在，家庭经济就可借此重生。

要点解析

一、保险的定义

《中华人民共和国保险法》（以下简称《保险法》）第二条明确了保险的定义：“本法所称保险，是指投保人根据合同约定，向保险人支付保险费，保险人对于合同约定的可能发生的事故因其发生所造成的财产损失承担赔偿保险金责任，或者当被保险人死亡、伤残、疾病或者达到合同约定的年龄、期限等条件时承担给付保险金责任的商业保险行为。”

1. 保险的性质

根据以上定义可知，保险具有下图所示的性质。

1. 保险行为是一种以保险合同为形式、以经济补偿为内容的民事法律行为，不同于以国家立法为基础的社会保险
2. 投保人必须根据合同约定，履行缴费义务，才可享有保险事故发生时的索赔权和经济补偿，不同于以单方给予为基础的社会救济
3. 保险人赔偿给付义务的履行是不确定的（人寿保险除外），有赖于合同约定的事故（人身保险中也称“事件”）的发生与否，不同于以确定的受益权为基础的储蓄制度

保险的性质

2. 保险的意义

从不同的角度来看，保险具有不同的意义，具体如下图所示。

1. 从经济角度看 → 保险是分摊意外事故损失的一种财务安排
2. 从法律角度看 → 保险是一种合同行为，是一方同意补偿另一方损失的一种合同安排
3. 从社会角度看 → 保险是社会经济保障制度的重要组成部分，是社会生产和社会生活“精巧的稳定器”
4. 从风险管理角度看 → 保险是风险管理的一种方法

保险的意义

相关链接

保险的相关术语

序号	术语名称	具体解析
1	保险主体	是保险合同的主体，是在保险合同中享有权利、履行义务的人。具体包括当事人（投保人、保险人）、关系人（被保险人、保单所有人、受益人）
2	投保人	是指与保险人订立保险合同，并按照保险合同负有支付保险费义务的人。投保人可以是自然人也可以是法人，但必须具有民事行为能力
3	保险人	又称“承保人”，是指与投保人订立保险合同，并承担赔偿或者给付保险金责任的保险公司。在中国，保险公司有股份有限公司和国有独资公司两种形式。保险人是法人，公民个人不能作为保险人

（续表）

序号	术语名称	具体解析
4	被保险人	是指根据保险合同，其财产利益或人身受保险合同保障，在保险事故发生后，享有保险金请求权的人。投保人往往同时就是被保险人
5	受益人	是指人身保险合同中由被保险人或者投保人指定的享有保险金请求权的人，投保人、被保险人可以为受益人。如果投保人或被保险人未指定受益人，则他的法定继承人即为受益人
6	保单所有人	是指拥有保险利益所有权的人，很多时候是投保人、受益人，也可以是保单受让人
7	保险标的	即保险对象，人身保险的标的是被保险人的身体和生命，而广义的财产保险是以财产及其有关经济利益和损害赔偿责任为保险标的的保险
8	保险客体	即保险合同的客体，并非保险标的本身，而是投保人或被保险人对保险标的的可保利益
9	可保利益	又称“保险利益”，是投保人或被保险人对保险标的所具有的法律上承认的利益。这主要是因为保险合同保障的不是保险标的本身的安全，而是保险标的受损后投保人或被保险人、受益人的经济利益
10	保险费率	是指保险费与保险金额的比例，保险费率又被称为“保险价格”，通常以每百元或每千元保险金额应缴纳的保险费来表示
11	保险价值	是保险标的物的实际价值
12	保险合同	是投保人与保险人约定保险权利与义务关系的协议

二、保险的基本特征

保险的基本特征如下图所示。

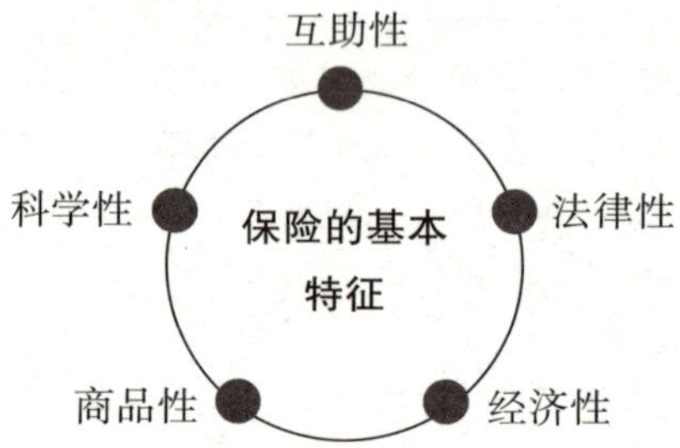

保险的基本特征

1. 互助性

保险具有“一人为众，众为一人”的互助特性。保险在一定条件下分担了单位和个人所不能承担的风险，从而形成了一种经济互助关系。这种经济互助关系通过保险人用多数投保人缴纳的保险费建立的保险基金对少数遭受损失的被保险人提供补偿或给付而得以体现。

2. 法律性

从法律角度看，保险是一种合同行为，是一方同意补偿另一方损失的一种合同安排，同意提供损失赔偿的一方是保险人，接受损失赔偿的一方是投保人或被保险人。如下图所示。

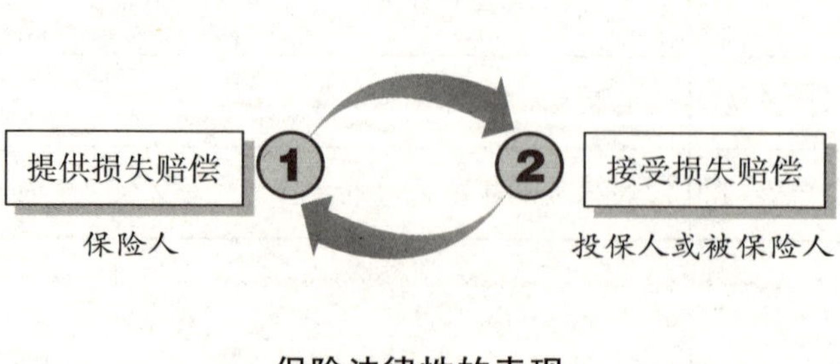

保险法律性的表现

3. 经济性

保险是通过保险补偿或给付来实现的一种经济保障活动，其保障对象的财产和人身都直接或间接属于社会再生产中的生产资料和劳动力两大经济要素；其实现保障的手段，最终都必须采取支付货币的形式进行补偿或给付；其保障的根本目的，无论从宏观的角度还是微观的角度看，都是与社会经济发展相关的。

4. 商品性

保险体现了一种对价交换的经济关系，也就是商品经济关系。这种商品经济关系的表现如下图所示。

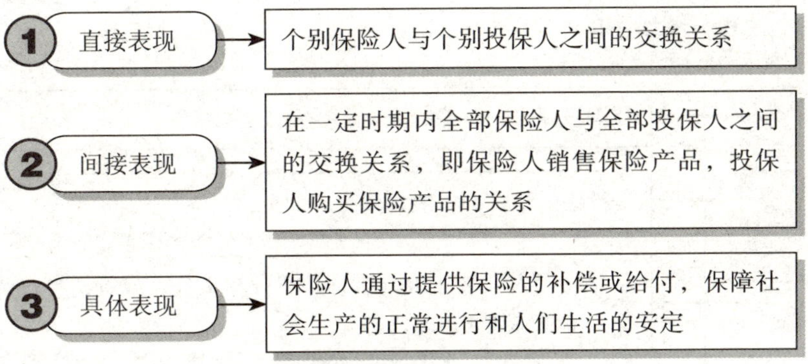

保险商品性的表现形式

5. 科学性

保险是处理风险的科学有效措施。现代保险经营以概率论和大数法则等科学的数理理论为基础，保险费率的厘定、保险准备金的提存等都是以科学的数理计算为依据的。

三、保险的基本原则

保险具有下页图所示的四个基本原则。

保险的基本原则

1. 诚实信用原则

保险作为一种特殊的民事活动，要求当事人具有最大诚信。

（1）对于保险人而言。

最大诚信原则的实施，对于保险人而言，要求保险人在保险业务中不得有下图所示的行为。

1. 欺骗投保人、被保险人或者受益人
2. 对投保人隐瞒与保险合同有关的重要情况
3. 阻碍投保人、被保险人履行如实告知义务，或者诱导投保人不履行如实告知义务
4. 向投保人、被保险人或者受益人承诺给予保险合同规定以外的保险费回扣或者其他利益

保险人不得有的行为

保险贴士

在实际中，由于保险标的掌握在保险人手中，所以最大诚信原则只约束投保人，而对保险人的规范与监督，则是通过《保险法》和政府的监管来实现的。

（2）对于投保人而言。

《保险法》第五条规定："保险活动当事人行使权利、履行义务应当遵循诚实信用原则。"同时，《保险法》第十六条规定："订立保险合同，保险人就保险标的或者被保险人的有关情况提出询问的，投保人应当如实告知。"这既是诚实信用原则对于从事保险活动当事人的具体要求，也是法律规定的投保人应尽的义务。作为投保人，应严格履行如实告知义务，否则将承担于己不利的法律后果。

经典案例

隐瞒病情投保，到头来自己吃亏

【案例背景】

老李常年吸烟喝酒，甚至已经产生了酒精依赖，无论家人怎样劝说，都不以为然。前不久，老李因为慢性酒精中毒而住院，住院期间体重持续下降，一度骨瘦如柴。出院后老李听别人说买保险，既是投资又能在看病时减轻负担，于是他与某保险公司签订了一份人寿保险合同，约定受益人为儿子李卫。

在保单上，有一些关于身体状况的问题要勾选，其中在"最近健康状况"中有一项是"最近六个月是否持续超过一周有下列症状：疲倦、体重下降"，老李回答为"否"。显然，老李的回答并不属实。

合同签订后，老李缴纳了保险费共计9000元。但是，不久后老李因为心血管疾病去世。李卫在保险金赔偿问题上与保险公司发生争执，保险公司方面表示老李在投保时隐瞒病情，填写的保单信息是虚假的，所以保险合同应属无效，保险公司不该赔偿。最终，双方闹上了法庭。

【案例分析】

法院审理后认为，保险合同是诚信合同，保险关系存在的基本原则是诚实信用原则，投保人在订立和履行保险合同时，应如实告知保险人就被保险人的有关情况所做出的询问，并应如实告知保险人其知道或应当知道的有关影响保险人是否同意承保或者据以提高保险费率的重要情况。

老李曾因慢性酒精中毒而住院，并且在投保前的住院期间有体重持续下降的情况，但他并没有如实填写。老李带病投保的行为违反了如实告知义务，也违背了诚实信用的原则，足以对保险事故的发生产生严重影响。因此，老李与保险公司所签订的保险合同属无效合同，保险公司不应承担赔偿保险金的责任。老李隐瞒的是酒精中毒一事，他违反如实告知义务与保险事故的发生没有直接因果关系，所以保险公司应退还其所缴纳的保险费9000元。

2. 保险利益原则

保险利益原则是保险的基本原则，其本质内容是要求投保人必须对投保的标的具有法律上承认的利益。如果投保人以不具有保险利益的标的投保，保险人可单方面宣布保险合同无效；保险标的发生保险责任事故，被保险人不得因保险而获得不属于保险利益限度内的额外利益。

（1）保险利益的含义。

从法学的角度看，保险利益作为保险合同的效力要件，投保人或被保险人对保险标的不具有保险利益的，保险合同不具有法律效力。这主要有两层具体含义，如下页图所示。

保险利益的含义

（2）保险利益的适用范围。

根据《保险法》第三十一条规定，投保人对下列人员具有保险利益：

①本人；

②配偶、子女、父母；

③前项以外与投保人有抚养、赡养或扶养关系的家庭其他成员、近亲属；

④与投保人有劳动关系的劳动者。

除前款规定外，被保险人同意投保人为其订立合同的，视为投保人对被保险人具有保险利益。

保险贴士

在财产保险中，凡可使投保人产生经济利害关系的标的，都具有保险利益。

经典案例

八旬老人给孙子买保险，合同失效

【案例背景】

2011年9月，保险公司经理伍某领着代理人到黄老先生家推销一款叫作“锦绣年年”的保险：每年缴1万元，缴满五年，第六年连本带利可以拿6万元。

见黄老先生不相信，伍某和代理人又当场出具了一份载明五年缴满，第六年拿6万元的承诺书。抱着让养老金增值的想法，黄老先生终于心动，给小孙子买了一份人身保险。不过，当时黄老先生的儿子也就是小孙子的父亲不在，监护人签名处都是黄老先生代签的。

2015年10月，黄老先生听说卖保险的代理人和经理都辞职了，便赶紧找到他们的办公处，果然人去楼空。他担心之前伍某和代理人许诺的种种好处可能落空，于是拿着合同等材料找到保险公司咨询，工作人员说：“一切按照合同规定办事，要退保只能退还本金。”

听到这个答复，黄老先生心里顿时凉了半截。

为了保障自己的权益，黄老先生一纸诉状将保险公司起诉到浦东法院，请求判令保险公司归还本金4万元，给付利息4766.8元。在庭审过程中，法院依法追加代理人陈某作为本案的第三人参加庭审。

【案例分析】

根据最高人民法院《关于适用〈中华人民共和国保险法〉若干问题的解释（三）》第六条规定，未成年人父母之外的其他履行监护职责的人为未成年人订立以死亡为给付保险金条件的合同，当事人主张参照保险法第三十三条第二款，第三十四条第三款的规定认定该合同有效的，人民法院不予支持，但经未成年人父母同意的除外。

也就是说，黄老先生与未成年的小孙子之间不存在保险利益，保险合同上的监护人签名又是他代签的，因此这份合同很有可能是无效的。根据法律规定，无效合同自始无效，保险公司应当返还黄老先生的4万元本金。可这样一来，黄老先生的利息就落空了。

保险公司则认为，和黄老先生之间存在保险合同关系。投保人是原告本人，被保险人是其孙子，是个未成年人，但这份合同后来已经得到其监护人的确认，因此是有效的。双方从未约定过按年计息，利息只存在于国家金融机构或者民间借贷，不存在于保险合同中。如果原告现在退保，按照现金价值扣除手续费计算，可以拿回2万多元。为了证明合同有效，保险公司出具了一份证据，在这份保险合同内容变更申请书上，确实有黄老先生儿子的亲笔签名。

法院查明相关事实后认为，被告的保险代理人向原告做出了承诺，且该承诺与合同的约定不相符，应当视为对合同内容的变更。而在审理中，被告先是说原告每年缴纳1万元，缴满五年，第六年可以得到6万元；后又改口称如果只缴纳五年，属于退保，只能退还现金价值。陈述前后矛盾，可见被告违反诚信。法院认为，保险代理人做出的承诺应视为代表被告公司，被告未履行承诺，构成违约，应承担赔偿责任。据此法院判决，保险公司归还黄老先生4万元，赔偿4766.8元。

3. 近因原则

近因原则是指判断风险事故与保险标的的损失直接的因果关系，从而确定保险赔偿责任的一项基本原则，是保险当事人处理保险案件，或法庭审理有关保险赔偿的诉讼案，在调查事件发生的起因和确定事件责任的归属时所遵循的原则。

近因是指在风险和损失之间，导致损失的最直接、最有效、起决定作用的原因，而不是指时间上或空间上最接近的原因。损失是近因的必然的和自然的结果和延伸。如果某个原因仅仅是加大了损失的程度或者扩大了损失的范围，则此种原因不能构成近因。

按照近因原则，当保险人承保的风险事故是引起保险标的损失的近因时，保险人应负赔偿（给付）责任。长期以来，它是保险实务中处理赔偿案所遵循的重要原则之一。

经典案例

意外跌伤致骨折，卧床后引发肺部感染死亡

【案例背景】

某养老院为老人毛某向保险公司投保团体意外险，保险期间毛某意外跌伤，经医院诊断为左股骨胫骨折，卧床治疗后引发深度肺部感染，造成坠积性肺炎，后经抢救无效死亡。养老院要求保险公司理赔，保险公司拒赔，遂起诉至法院。

【案例分析】

法院认为，如果造成事故的数个原因连续发生，前因与后果间有因果联系，且未中断，即保险事故的发生是由若干有因果联系的原因所致，则数个原因都是在第一个原因的引发下不可避免地发生的；若各原因虽有先后之分，但是不存在任何时间上或者空间上的因果关系，则因果关系阻断。

结合本案事实，被保险人摔跤导致骨折而后卧床治疗，在生病护理期间导致了肺部感染，从而由肺部感染导致了最终的死亡。从表面看，似乎肺部感染强行介入了保险事故发生原因，从而切断了最初原因骨折和死亡之间的联系，且被告举证骨折卧床和肺部感染之间没有必然的联系。但是在实际情况中，受伤卧床引起肺部感染并导致死亡存在一定的概率，而且被保险人作为年事已高的老人，三者之间存在因果联系的可能性较高。骨折虽然不是死亡的直接原因，但确实引起肺部感染并导致死亡。骨折、肺部感染和死亡之间具有先后的因果联系，骨折是死亡的诱发因

素。如果仅仅因为直接导致死亡的肺部感染不是保险合同约定的疾病的非意外事故从而拒赔，显然有违公平合理原则。

最后，鉴于骨折、肺部感染与死亡之间的有机联系，骨折构成了死亡的主要诱因，法院确认保险公司应承担意外伤害身故赔偿金30%的赔付责任。

4. 补偿原则

补偿原则是指当被保险人发生损失时，通过保险人的补偿使被保险人的经济利益恢复到原来水平，被保险人不能因保险赔偿而得到额外收益的原则。补偿原则主要适用于赔偿性保险合同。

（1）补偿原则的含义。

补偿原则是经有关法律确定的，通常包括两层含义，如下图所示。

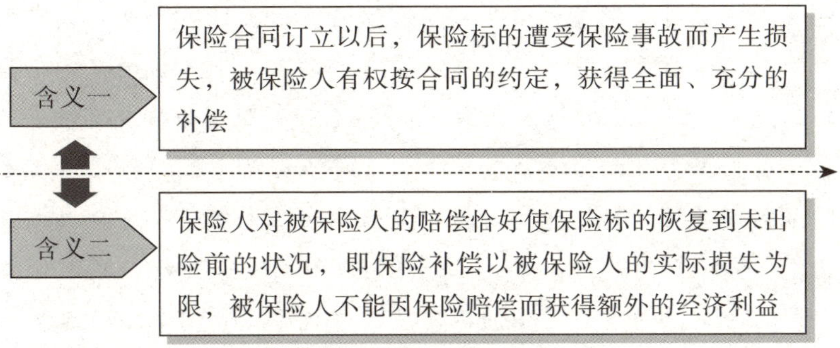

补偿原则的含义

（2）补偿原则的限制。

补偿原则除以受损失为限外，往往还受到保险合同中约定的其他一些限制，如以保险金额为限、按比例投保因而按比例赔偿的限制等。另外，还受到赔偿方法的限制，如某些保险中规定了免赔额，或赔偿限额等。

（3）补偿原则的实施方式。

补偿原则可通过现金赔付、修理、更换或重置的方式实施。

保险贴士

人身保险采用定额给付保险金的原则，不适用补偿原则，因为人身价值是无限的。

经典案例

损失补偿原则是否适用于医疗保险

【案例背景】

某年9月23日，某保洁公司为包括梁某在内的140名员工向某人寿保险公司投保了团体意外伤害保险、附加团体意外伤害医疗保险，保险期间一年。11月6日，梁某在路边工作时被金某驾车撞伤，梁某住院治疗用去医疗费15225.50元。因肇事车辆在某农业保险公司投保了交强险及商业第三者责任险，某农业保险公司在保险限额内履行了赔偿义务。后梁某又向某人寿保险公司提出赔偿请求。保险公司认为，梁某已就医疗费获得充分赔偿，按照保险合同的约定，保险公司不应再赔偿其医疗费用。梁某不服保险公司的拒赔决定，遂起诉至法庭。

【案例分析】

本案争议的焦点在于，保险公司是否应该对已获得充分医疗费赔偿的梁某给付保险金，即损失补偿原则是否适用于医疗保险。

法院判决认为，《保险法》中所称保险，包括人身保险和财产保险两大类。本案所涉的附加团体意外伤害医疗保险是基于人身发生意外伤害而形成的保险，应属人身保险范畴，人的生命无价，人身保险不适用损失补偿原则。

人的生命无价，人的寿命和身体是无法用一定数额的金钱来衡量的，因此人身保险合同大多都是定额给付型保险合同。当保险合同约定的保险事故发生时，保险公司按照事先约定的保险金额给付保险金，支付的保险金并不具有财产保险合同中的补偿性质，也无法达到实际意义上的补偿，因此不适用损失补偿原则。同样，定额给付型医疗保险因事先在合同中约定了确定的保险金额，当约定的保险事故发生后，保险公司仅需按照约定的金额给付保险金，而不论被保险人发生了多少医疗费用支出。因而，也不具有补偿性质，不适用损失补偿原则。

但是，费用补偿型医疗保险原本就是根据被保险人实际发生的医疗费用支出，按照约定的标准确定保险金数额的医疗保险。医疗费用支出是可以用一定数额的金钱来衡量的，是有价的，对有价的医疗费用补偿型保险适用损失补偿原则又有何不可呢?

显然，医疗保险是否适用损失补偿原则，应该按照保险金的给付性质确定：属于费用补偿型的就适用，属于定额给付型的就不适用。正因为此，中国保监会在《健康保险管理办法》中明确规定：“费用补偿型医疗保险的给付金额不得超过被保险人实际发生的医疗费用金额。”

本案判决中简单地按照人身保险和财产保险进行分类，进而将损失补偿原则机械地理解为财产保险的特有原则而将人身保险中的健康保险连同人寿保险一并排除在外的做法，既没有法律依据，也缺乏理论支撑。

四、保险的分类

保险种类是根据保险经营的性质、目的、对象和保险法规要求以及历史习惯等划分的保险类别。国际上对保险业务的分类没有固定的原则和统一的标准，各国通常根据各自的需要采取不同的划分方法。

1. 按保险标的分类

按保险标的是人还是物可将保险分为人身保险和损害保险两大类。具体如下表所示。

按保险标的对保险进行分类

序号	类型	具体说明	范围
1	人身保险	是指被保险人因生病或意外事故导致伤残、死亡或丧失工作能力，年老退休或保险合同期满而给付的保险金	包括死亡保险、生存保险、年金保险、养老金保险等
2	损害保险	是指当被保险人财产或利益受到灾害事故损害时，保险人给予的经济补偿	包括财产保险、责任保险、保证保险和信用保险等

2. 按保险责任分类

按保险人是否承担全部责任分为原保险和再保险。原保险是保险人与投保人之间直接签订保险合同而建立保险关系的一种保险。再保险又称“分保”，是保险人将承保的保险责任向另一个或若干个保险人再一次投保，以分散风险。

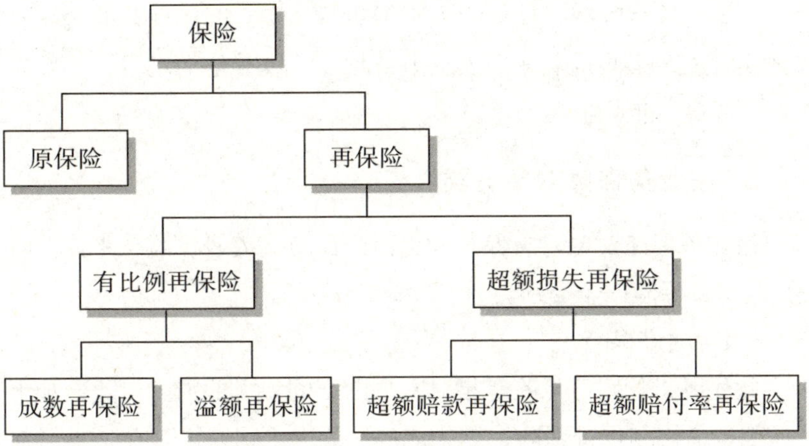

按保险责任对保险进行分类

3. 按保险经营性质分类

按保险经营性质可分为政策性保险和商业性保险。绝大多数保险都具有商业动机，由保险公司按商业惯例经营；而政策性保险则按政府有关法令或政策规定开办，有社会保险、财产保险和责任保险等，多为贯彻政府的某一项经济或社会政策服务。

4. 按保险实施方式分类

按保险实施方式可分为自愿保险和强制保险。

（1）自愿保险。

自愿保险是当事人在平等互利和自愿的基础上确立合同关系，被保险人可自行决定是否投保以及保险标的种类、金额和期限等，保险人也可选择承保与否及其有关承保项目和内容。

（2）强制保险。

强制保险又称“法定保险”，是政府以法令或政策形式强制规定被保险人与保险人的法律关系，在规定范围内，不管当事人双方自愿与否，都必须按规定办理保险。

凡属法令规定必须办理保险的标的，其保险责任自动开始，保险金额按规定标准收取，被保险人不得自行选定。强制保险的另一种形式是政府规定某些行业或个人从事某种经营或其他活动时，必须参加保险，否则不准从业。

5. 按业务保障对象分类

按业务保障对象可将保险分为财产保险、人身保险、责任保险、信用与保证保险四个类别。

（1）财产保险。

此处所讲的财产保险是指对有形财产的狭义的财产保险，加上责任保险、信用与保证保险，则构成广义的财产保险。目前，世界保险业对财产保险的分类大致如下图所示。

财产保险的类别

（2）人身保险。

人身保险是以人的身体为保险标的的险种，主要有下图所示的几类。

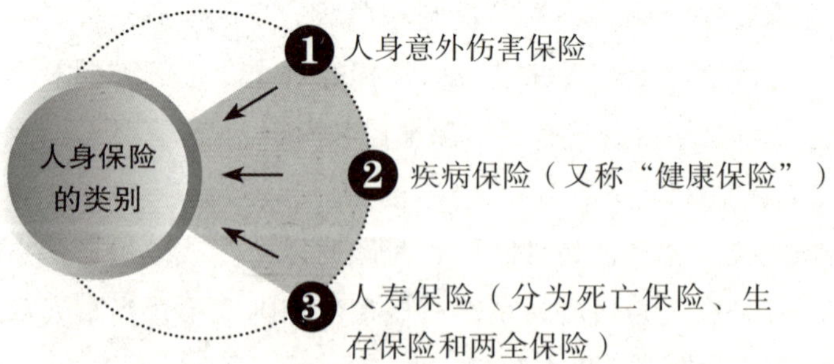

人身保险的类别

（3）责任保险。

责任保险是以被保险人对他人依法应负的民事损害赔偿责任为保险标的的险种。凡根据法律规定被保险人应对其他人的损害所负的经济赔偿责任，均由保险人承担，一般附加在损害赔偿保险中，如船舶保险的碰撞责任险、汽车保险、飞机保险、工程保险、海洋石油开发保险等均已扩展了第三者责任险。主要有下图所示的几类。

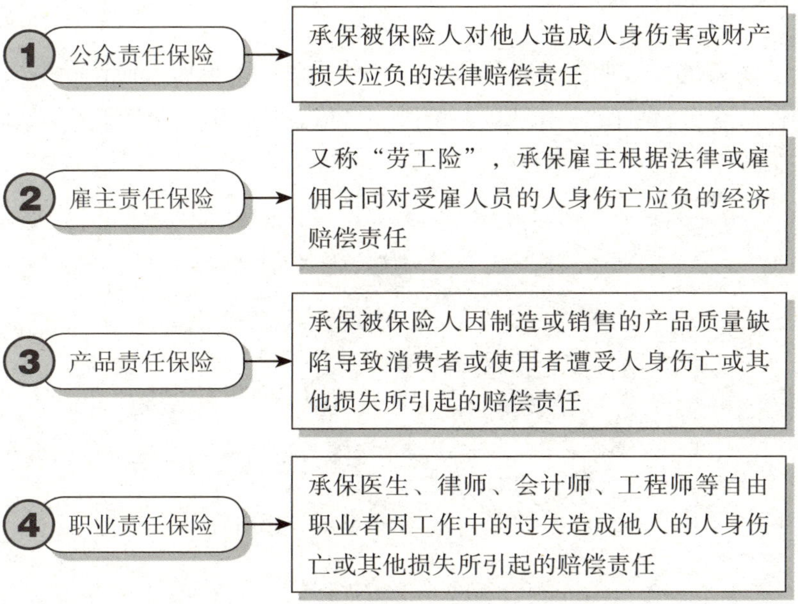

责任保险的类别

（4）信用与保证保险。

信用保险是以在商品赊销和货币借贷中的债务人的信用作为保险标的，以债务人到期不能履行其契约中的债务清偿义务为保险事故，由保险人承担被保险人（即债权人）因此遭受的经济损失的赔偿责任的保险。（注：投保人为债权人。）

保证保险是指由于被保证人（义务人）的作为或不作为致使被保险人（权利人）遭受经济损失时，由保险人（担保人）向被保险人承担经济赔偿责任的保险。（注：投保人为债务人。）

保证保险分为忠诚保证保险与履约保证保险两种。

除上述险种外，随着经济和社会的发展，新的险种还在不断增加，如计算机综合保险、信用卡盗窃保险、一揽子合同保险、原子能保险和动物保险等。

五、保险的作用

保险的基本职能是转移风险、补偿损失，即投保人通过缴纳少量的保险费，将风险转由保险人承担。具体来说，购买保险具有下页图所示的作用。

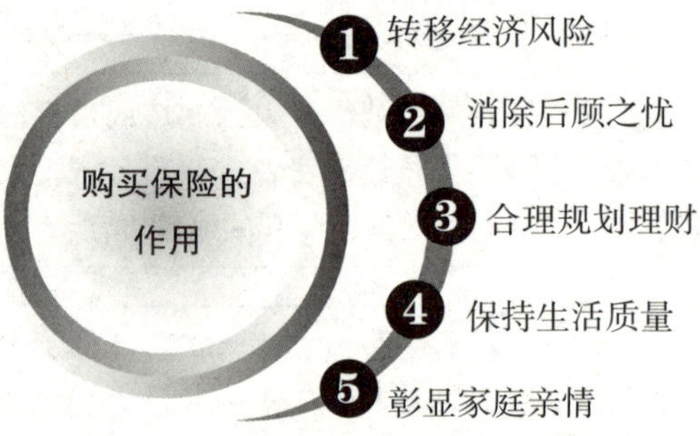

购买保险的作用

1. 转移经济风险

个人承担生活中难以预料的各种风险带来的沉重的经济负担的能力是十分有限的。通过保险把大家联合起来，用社会互助的力量，将沉重的经济负担分散开来，这力量就来源于每个人缴纳的保险费。

2. 消除后顾之忧

幸福生活不只限于眼前的寝食无忧，还包括医疗无忧、子女教育无忧、老年无忧、家人生活保障无忧，等等。有了保险，对将来的担忧自然可以消解。

3. 合理规划理财

理财不只是增收，还包括降低风险带来的支出。有了保险，把将来的消费有计划地分摊到每一年，把财富增值的事交给保险公司的专家，巨额的风险转移给了保险公司，有限的收入就能实现效能最大化。

4. 保持生活质量

高质量的生活应当具有稳定性。将来退休了，收入会减少，有了保险，就可以在离开工作岗位后保持相当的收入，维持体面的生活。

5. 彰显家庭亲情

无论是家庭的经济支柱，还是依靠家庭抚养的成员，或者是已独立生活的子女，切不断的亲情总是叫人牵挂，经济上的风险就是其中之一。为自己购买保险、为亲人购买保险，有了保险，对亲人的牵挂将转化为实在的保障，亲情会更温暖。

保险贴士

需要注意的是，保险只能降低风险带来的损失，而不能降低风险，纯粹风险是不可抗的。

答疑解惑

Q1：保险的要素有哪些？

保险的要素包含如下五个方面：

（1）保险公司所承保的必须是可保风险。

（2）保险的过程必须是多数人的同质风险的集合与分散。

（3）必须合理厘定保险的费率，即合理制定保险产品的价格。

（4）必须建立保险基金。

（5）必须订立保险合同。

Q2：保险费与保险金是一回事吗？

不是一回事。

保险费是投保人向保险公司支付的用于购买保险产品的费用；而保险金是保险公司收到保险费后，按照保险合同规定，当投保人的财产及相关利益受到损失或者被保险人死亡、伤残、患病，或者到了保险合同约定的期限时，保险公司向投保人、被保险人或者在被保险人死亡后向其受益人给付的钱。通俗地讲，保险费是买东西的钱，而保险金就是买来的商品。

Q3：保险保的是什么？

保险保的是纯粹风险。纯粹风险和投机性风险是相对的。怎么辨别？如果一种风险既能带来收益也能带来损失，则为投机性风险；如果一种风险只能带来损失，则为纯粹风险。

比如，炒股、炒外汇、赌博、买彩票，这类行为产生的风险属于投机性风险；地震、车祸、死亡、疾病、火灾，这类事件带来的风险属于纯粹风险。

Q4：什么是保险公司的可保风险？

可保风险是保险公司可以接受承保的风险。可保风险有以下特性：

（1）风险不是投机性的。

（2）风险必须具有不确定性，就每一个具体单独的保险标的而言，保险当事人事先无法知道其是否遭受损失，以及遭受损失的时间和遭受损失的程度如何。

（3）风险必须是大量标的均有遭受损失的可能性。

（4）风险必须是意外的。

（5）风险可能导致较大损失。

（6）在保险合同期间内预期的损失是可计算的，保险公司承保某一特定风险，必须在保险合同期间内收取足够的保险费，以聚集资金支付赔款，支付各项费用开支，并获得合理的利润。

Q5：我国保险市场上的经营主体有哪些？

我国保险市场上的经营主体主要包括两类：一类是保险产品的供给方，即所谓的保险人；另一类就是为促成保险交易提供辅助作用的保险中介。

（1）保险人是指与投保人订立保险合同，并承担赔偿或者给付保险金责任的保险公司。保险人可以采取多种组织形式，最为常见的是公司制，因此很多时候都会直接用“保险公司”来称呼保险人。

（2）保险中介的形式比较多样，主要包括保险代理人、保险经纪人、保险公估人等。他们的活动范围也比较广泛，包括充当保险人与投保人之间的交易媒介，协助建立保险合同关系；也包括独立于保险人与投保人之外，以第三者的身份处理保险合同当事人委托办理的保险事故鉴定、估损和理赔等事项。

Q6：什么是保险佣金？

保险代理人在业务活动中，向保险公司收取手续费（佣金）是全世界的通行做法。《保险法》第一百一十七条规定：“保险代理人是根据保险人的委托，向保险人收取佣金，并在保险人授权的范围内代为办理保险业务的机构或者个人。”作为保险人的保险公司，应依法支付代理人佣金。佣金是保险公司给代理人的报酬，与投保的保户不发生直接关系。

投保指南

一、年入5万元的单身女性如何规划保险

【投保背景】

文小姐，23岁，营业员，税后月收入4000元左右，每月日常花销1200元，房租800元，饮食开销500元。

【投保需求】

由于收入较低，文小姐想通过购买保险给自己和家人一些保障。

【投保分析】

考虑到文小姐是外地人，离家较远，会经常使用交通运输工具，建议文小姐在投保寿险的同时务必投保意外险，以抵御意外事故给家庭带来的伤害。

【投保建议】

鉴于文小姐目前已有可靠的收入，建议每月拿出盈余收入的20%（300元）投保寿险产品，提早为养老做好准备。

另外，由于文小姐家在外地，一年中可能多次使用交通运输工具，建议文小姐投保意外险产品，投保金额大概占盈余收入的10%（150元），以防止意外事故给家庭造成的损失。

二、年入9万元的单身男性如何规划保险

【投保背景】

朱先生，26岁，单身。2015年国内某重点大学研究生毕业后，任职于北京一所建筑设计研究院。目前月薪约6000元，加上年终奖金和其他诸如节日补贴等收入，朱先生每年税后收入约9万元。

朱先生虽然参加工作不久，个人积蓄不丰厚，但其父母均已退休，家庭经济较宽裕，在经济上会给他一定的支持。

【投保需求】

除了单位提供的五险一金外，朱先生暂时没有买任何商业保险，因此想为自己补充商业保险。

【投保分析】

朱先生从事建筑行业，且需要经常出差，急需补充意外伤害险。此外，还需要补充相应的定期寿险以及重疾险。

【投保建议】

（1）意外伤害保险。

由于工作需要，朱先生经常要去各地出差，人身安全存在较大风险。朱先生应购买足够的意外伤害保险。

（2）人寿保险。

在人寿保险上，建议朱先生为自己购买一份定期人寿保险，以父母作为受益人。在保额相同的情况下，购买定期寿险每年所要缴纳的保费约为终身寿险的1/10，这样朱先生节省出的资金可用于投资。只要这份定期寿险的利益加上投资收益的总和超过了终身寿险保单的收益，这种选择就是明智的。不过定期寿险是一种权宜之计，随着时间的推移，朱先生的收入会越来越高，等到有足够的经济实力时，还是

应选择终身寿险。

（3）重疾险。

至于疾病险，因为朱先生现在年轻，身体好，购买费用相对较低，可考虑尽早购买重大疾病险。对于刚毕业不久、事业处于成长期的朱先生来说，在这个阶段应该加大购买消费型重疾险的比例，待到35～40岁以后，可考虑增加储蓄型重疾险的比例，每年的保险支出需控制在收入的10%以内。

三、年入15万元的单身女性如何规划保险

【投保背景】

蒋小姐是在孤儿院长大的，31岁了，感情问题虽然没有落定，却是个标准的“白骨精”（白领、骨干、精英）。蒋小姐税后年收入为12万～15万元，目前没有买房，用于租房及日常消费等方面的固定支出大约为每月5000元，计划外开支不固定，少则不花一分钱，多则一年几万元。单位福利不错，除正常社保外还有补充医疗保险。

【投保需求】

想要一个详细的保险规划。

【投保分析】

蒋小姐收入丰厚，且没有负担，暂时不需要为家庭支出考虑太多。作为“单身贵族”，一切收入来源都要依靠自己，未来3～5年，她的生活和事业可能面临重要的转折(结婚、生子、买房等)，变数多、开销大，如果忽视对个人资产的合理规划，则容易陷入窘迫的境地。所以单身女性要会挣钱，更要会理财，应趁年轻积极积累资产并且做好保障。

目前蒋小姐年收入为12万～15万元，支出6万元，且除正常社保

外还有补充医疗保险，这样平时的小毛病基本可以应付。作为高收入、高教育程度的单身女性，在保险规划上应着重考虑意外、重疾和养老，因此，蒋小姐可从这三个方面先建立起自己基本的保障计划。另外，根据蒋小姐的收入水平，保费应控制在年收入的10%，即1.2万～1.5万元。

【投保建议】

（1）意外险。

①意外伤害保险。包括意外身故、意外伤残、意外烧烫伤三大项。蒋小姐单身，目前不需要承担什么家庭责任，只需要对自己负责即可，所以对她而言，特别重要的两项是意外伤残和意外烧烫伤的保障。意外伤残根据伤残等级的高低，分别按基本保额的10%～100%进行赔付；意外烧烫伤根据烧烫伤的严重程度，分别按保额的50%～100%进行赔付。考虑到意外伤害的影响以及蒋小姐的收入情况，建议蒋小姐将意外伤害的基本保额设定在100万元左右。

②意外医疗保险。蒋小姐有社保及补充医疗保险，但有不少意外事故及医疗用药不属于社保责任范围内，而补充医疗保险在意外方面的责任比较有限，所以适当补充一些意外医疗保险是有必要的。建议补充意外医疗保险的额度在2万元左右。

（2）人寿保险。

人寿保险是基于家庭责任投保的，由于蒋小姐是在孤儿院中长大的，无需对父母负责，且目前尚为单身，故暂不考虑寿险需求。

（3）医疗险。

包括报销型医疗险和津贴型医疗险。

①报销型医疗险。这里主要指疾病医疗保险，蒋小姐已有社保和补充医疗保险。对于普通的疾病，已有保障可以承担大部分的医疗费用，剩余部分选择风险自留；而对较严重的疾病，可考虑通过重疾险的保障来解决，后文会单独讲解。所以，报销型医疗险部分不再做重点考虑。

②津贴型医疗险。即住院津贴，因意外或疾病引起的住院情况都包括在内。投保该险种，目的是弥补因住院而产生的误工费用损失及床位费等额外支出。蒋小姐每月收入1万元，即每天333元，津贴额度可参考该数值，设定在每天300元。不过，蒋小姐现在比较年轻，工作压力不大，身体健康状况也比较好，所以可以考虑一部分风险自留，综合考虑后，该部分的投保计划暂定为：一般住院津贴额度为每天100～150元，重症住院津贴额度为每天200～300元。

（4）重大疾病保险。

蒋小姐已有社保，但社保承担的责任有限（对社保范围内项目，按比例报销），考虑到重大疾病对于人的影响（不仅仅是要支付治疗费用，还要损失误工费用、支付后期康复费用等），建议蒋小姐在设定重疾险保额时，参考5倍年收入的额度。对于蒋小姐而言，重疾险保额可考虑设定在60万～75万元之间。

（5）养老险。

单独依靠社保养老，晚年生活必然不尽如人意；商业型养老险，在收益方面具有稳定和长期的性质，但仅从目前来看，抵御通胀的能力较弱；而依靠投资养老，风险性相对较高，不确定性较大。

综上，建议蒋小姐以储蓄和社保为基础，以保险保障为后盾，以养老险与投资相搭配的方式为增值手段，三者相结合进行规划。

在养老险和投资方面，蒋小姐可暂不急于下手，先给自己一段时间，尝试做财务规划，看看效果，到年底的时候再根据情况确定养老险的保费预算。

四、年入15万元的单身男性如何规划保险

【投保背景】

乔先生，32岁，单身，某公司高级营销人员，年薪15万元，存款5万元，还有市值5万元的股票，单位有购买五险一金，家中的老人都

有退休金。乔先生目前的负担比较轻，但是平时的开销仍然比较大，每个月基本上都在1万元左右。

【投保需求】

考虑到以后要交女朋友和结婚养家，乔先生想给自己购买一些保险用以投资，但不知道应该购买哪类保险？

【投保分析】

乔先生是公司的高级营销人员，年薪15万元，存款5万元，还有5万元的股票，可见乔先生有一定的经济基础，但财富积累才刚刚开始。单位购买有五险一金，能满足基本的养老和医疗保障需求。乔先生目前的现金流以及存款等依然处在积累阶段，而每月的开支并不少，长期来看存在一定的风险。在保障方面，主要考虑以下两点：

（1）重疾以及医疗保障。职场生活充满变数，一旦出现意外和疾病，将给自己和家庭带来沉重的精神压力及经济负担。近些年来，年轻白领病倒在工作岗位上，医疗费用大大超过医保金额甚至累及全家的现象时有发生。

（2）生命保障。处在事业上升期的乔先生无论对其父母，还是对其未来的家庭来说，他都起着经济支柱的作用。因此，通过保险的方式转嫁意外发生时对家人生活的影响必不可少。

【投保建议】

首先，应考虑购买纯保障型产品，比如意外险。意外险可一年一年购买，一般建议购买5倍年收入的保额即可。

其次，应选择住院医疗险和重大疾病保险。前者主要包括住院费用型和住院补贴型。重大疾病保险属于给付型，一旦患上重大疾病，保险公司将根据合同给付保险金额，被保险人可先行取得保险赔偿，以支付巨额的医疗费用。建议选择重大疾病保险金额为其年收入的5倍，万一生病可获得5年收入的补偿。重大疾病保险通常保障期间较长，有10年、20年，甚至终身。

五、年入24万元的单身男性如何规划保险

【投保背景】

黎先生今年29岁，是家中独子，尚未结婚。每月税后收入2万元，每月消费4000元，家中有房产。存款10万元，部分投资股市、部分投资银行理财，还有一些投资了P2P理财。

【投保需求】

想通过购买保险增加保障。

【投保分析】

黎先生每月税后收入2万元，建议以自身年收入的10%（即2.4万元）为限投资保险。每年可以投资1.2万元大病险来弥补医保不保障的部分；另外投资1.2万元养老险来补充退休后的养老金收入。

【投保建议】

（1）大病险。

在大病险方面，建议黎先生每年投资1.2万元的大病险，连续投保20年，可以获得40万元的保额直至88周岁。这期间最多可以获得3次轻症赔付（20%保额）与3次重症赔付（100%保额）。如果黎先生直到88周岁都未曾支取过任何重症赔付金，还能在88周岁时收到40万元的退保金用来养老。按照现在的物价水平，这款保险基本能够满足一般的重症患病风险。

（2）养老险。

在养老保险部分，建议黎先生每年投资1.2万元的养老险，连续投保20年后，可以从60周岁开始每年支取2.4万元的养老金，直到88周岁。对于养老来讲，这部分保险金额略显不足，但如果现在增加保额，就会使黎先生的生活面临更大的压力，建议在收入增加后继续补

充养老险。

（3）家庭财产保险。

此外，黎先生还可以考虑投资一部分家庭财产保险。

第二章 | 深入了解保险

保险箴言

保险是对家庭的守护

意外风险、疾病风险、养老风险、财务风险是每个人都必须要面对的生存风险。保障型保险可以提供风险保障（保险事故赔偿），储蓄型保险可以提供生存保障（养老和子女教育），而投资型保险（投资基金）会带来资产增值。

要点解析

一、商业保险与社会保险的关系

拿着社会保险卡可以去医院看病，将来老了还能按月领取退休金，这是大多数人对社会保险的认知。那么，有社会保险还需要再买商业保险吗？

小覃是上海一家事业单位的工作人员，收入和福利都很不错，妻子吴女士也是该单位的财务部会计，家里有个3岁的儿子，非常可爱，夫妻俩在当地贷款买了一套两居室，一家人很是幸福，左邻右舍无不羡慕这幸福的一家人。2015年，小覃购买了一款商业大病保险，保额10万元，当小覃和单位的同事说起这件事的时候，遭到同事的嘲笑："咱们都是事业单位的，待遇这么好，用得着买商业保险吗？看来你是让人忽悠，花了冤枉钱了。"

2017年的某一天，小覃在单位突然晕倒，同事赶紧把他送到了医院。经检查，小覃的淋巴上长有肿瘤，需要赶紧动手术切除。手术进行得很顺利，因单位福利好，医药费报销了80%。但余下的20%也让小覃倍感压力，家里的房子是贷款买的，孩子还小正是花钱的时候，这还不算什么，最让小覃头疼的是手术后不能去上班，需要很长时间的恢复期和治疗期，这些费用能报销的比例很少。

还好小覃买过一份商业大病保险，10万元的理赔款很快就打到了小覃的账户上，可以解决小覃面临的困境。单位同事去探望他时说："我错了，还是你有眼光购买了商业大病保险。"可小覃却表示十分后悔，当众人面面相觑不知何故时，小覃在一张纸上写道："我是后悔保险买少了，当初要是买50万元的商业大病保险就好了。"这件事让他单位的同事很震惊，回去后同一个办公室的八个人，有六个人立即购买了不同保额的商业大病保险。

从上述故事中可以看出，相较于社会保险，商业保险最重要的作用在于可分担意外和疾病带来的经济压力。

1. 医疗光靠社会保险还不够

很多人觉得没必要买商业保险，最大的原因在于已有社会保险。事实上，我国的社保体系是国家对个人医疗和养老的一种福利体现，其实是一种较低水平的基础保障，具体体现如下图所示。

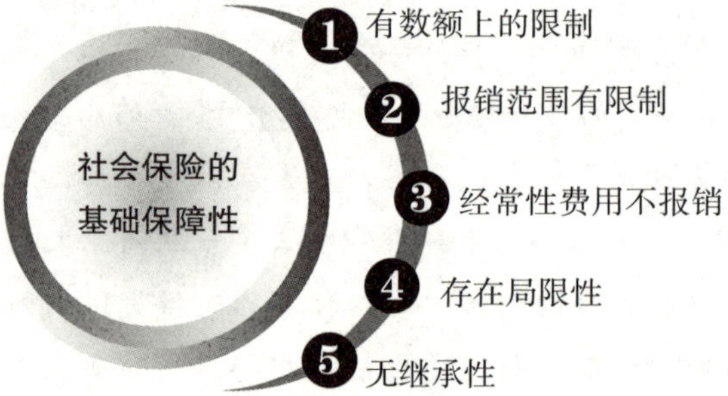

社会保险的基础保障性

图示说明：

（1）社会保险只对起付标准以上、最高限额以下且符合报销范围的费用按比例支付。

（2）绝大多数的新药、进口药、昂贵药物以及部分诊疗项目、医疗服务设施都不在社保所保障的范围之内。

（3）在疾病期间发生的部分经常性费用，如营养费、护工费等，同样无法计入。

（4）社会保险还存在一些局限性，比如养老保险部分，必须累计缴费15年后，到了法定的退休年龄才可领取。

（5）社会保险的保险仅针对个人，功能随个人的去世而消失，家人或后人无法继承和继续受益。

2. 商业保险可为社会保险做补充

其实，商业保险最主要的作用，在于可以分担因意外和疾病所带来的经济压力。

在当前的保险市场上，健康医疗保险种类丰富，每一类产品皆有其独特的功能。

比如，借助重疾险可以转嫁恶性肿瘤等大病威胁对家庭财务造成的毁灭性打击；而女性健康险则能为女性独有的妇科重症、生育分娩等特定风险提供保障。

由于意外和疾病的不可控、社会保险的局限等，购买商业保险就显得十分必要了。具体可看下图。

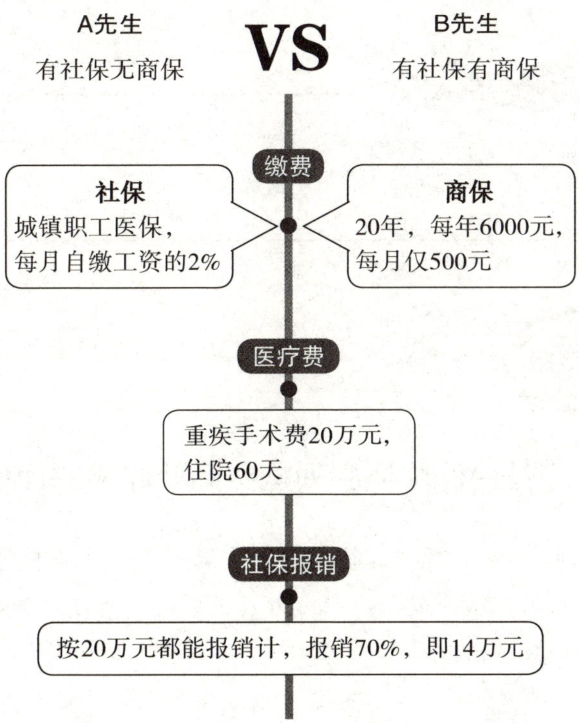

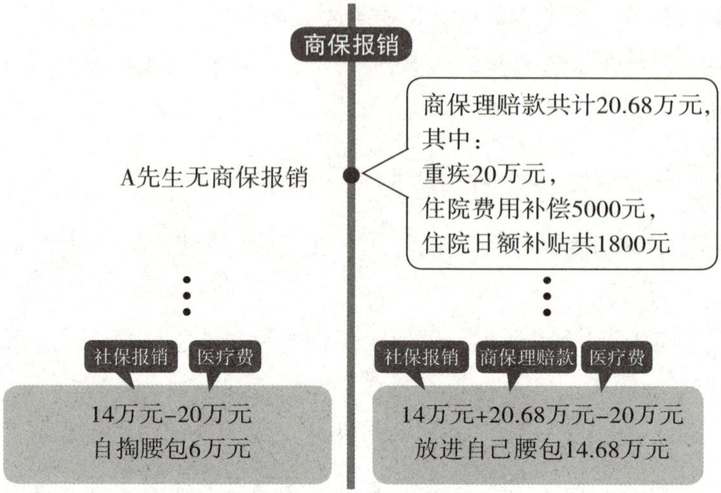

社保与商业保险结合的好处

通过上图可以很明显地看出，社会保险和商业保险的搭配可以给投保人带来更加全面的保障。

保险贴士

对于消费者来说，商业保险和社会保险双管齐下、齐头并进才是最全面的保障。

相关链接

有了社会保险还必须购买商业保险的理由

社会保险（以下简称“社保”）是属于国家主导的一种保险，一般指城镇职工基本养老保险，由个人、单位及地方政府三方共同缴纳，其中地方政府部分是用来支付“老人”的养老保险和“中人”过渡账户部分的养老保险。一般还需由商业保险去做补充或替代。

1. 社保一般没有生命保额

参加社会养老保险的当事人去世（无论退休前后去世），其养老保险个人账户余额本息合计由继承人全额继承，符合当地规定者，由社保发放丧葬费和抚恤金，而不可能像商业保险那样赔付数十万元给受益人。

2. 社保没有豁免保费的功能

比如，若在保险公司购买养老保险产品，投保人发生重大疾病（包括由意外导致的）时，那么余下的未缴保费哪怕每年数万元，都不用缴了，而社保还是要缴的。

3. 社保没有投资功能

国家不可能代投保人用缴社保的钱去进行投资，而商业保险公司可以用客户的保费代客户投资国家大型基础建设、股票及进行债券投资理财。

4. 养老仅靠社保是不够的

成熟国家的社保也只解决老年人30%～40%的费用。社保是最基本的保障，这决定了它只是保障被保险人在老年时有饭吃。如果要过上体面的老年生活，就要靠其他储蓄及投资了。

5. 社保没有避税功能

现在越来越多的人开始使用商业保险进行避税，因为商业保险所存的钱将付给受益人，而不是继承人，所以不用征遗产税。

6. 商业保险的账户是不能冻结的，也不可以要求用里面的钱去偿还债务

比如，一个因破产欠债上亿元且所有银行账户都被查封冻结的人，只要他的保险账户有足够的钱，那么仍然可以为其晚年生活提供经济保障。

7. 社保只报销医保药品目录中的药品

也就是说，新药及一些进口的、昂贵的药品社保一般是报销不了的，而商业保险却可以。

8. 社保对医疗实行的是报销制度

社保是先垫钱后报销，而商业保险多了一种补偿方法，即先赔钱后治疗。通常人患病后，除了直接的医疗费用外，还会产生以下三方面的费用：一是后续消费品及治疗费用；二是因不能工作失去收入来源而产生的费用；三是发生重疾后的后期治疗费、营养费、护理费等。这些费用都可以通过商业保险解决。

比如，在商业保险中，只要确诊为重大疾病，无论花费多少，都可按合同约定一次性给付医疗费，而社保是不可以的。

综上所述，社会保险是基础，商业保险是必要的补充，不可或缺。

二、商业保险与社会保险的区别

商业保险与社会保险虽然都具有互助互济、保障人民生活安定的功能，但是两者在性质上有着本质的不同，具体表现在下图所示的几个方面。

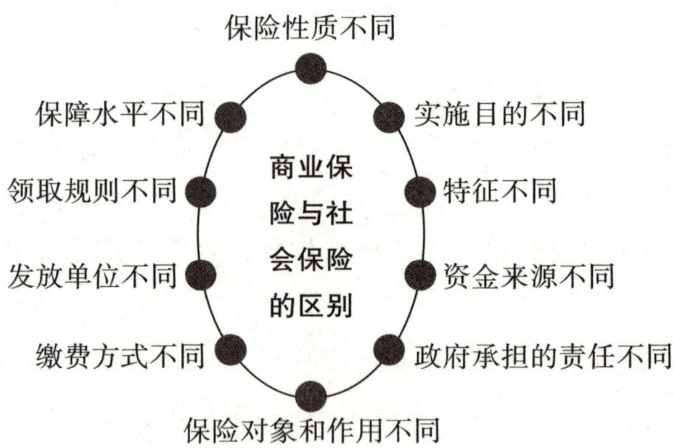

商业保险与社会保险的区别

1. 保险性质不同

社会保险是国家依法强制实施的，属于政府行为，无论企业或个人愿意不愿意，只要在法律规定的范围内，就必须参加社会保险。社会保险费的征收，给付待遇的规定都是强制性的。

商业保险则是一种商业行为，它建立在双方平等互利、自愿签约的基础上，保险人与被保险人之间完全是一种契约关系，投保人可根据自身面临的风险自愿选择投保险种，协议保险金额，决定保障的标准和档次，不具有强制性。

2. 实施目的不同

社会保险是劳动者的基本权利，不以营利为目的，其出发点是为了确保劳动者的基本生活，维护社会稳定；商业保险是金融企业的经营活动，根本目的是获取利润，在此前提下按照保险合同给予经济补偿。

3. 特征不同

社会保险具有强制性、互济性和福利性；商业保险具有自愿性、赔偿性和营利性。

4. 资金来源不同

社会保险费按照国家或地方政府规定的统一缴费比例进行筹集，行政强制实施；商业保险费视险种、险情而定，由投保人承担。

5. 政府承担的责任不同

社会保险是公民享有的一项基本权利，政府对社会保险承担最终的兜底责任；商业保险受市场竞争机制制约，政府职责主要是依法对商业保险进行监管，保护投保人的利益。

6. 保险对象和作用不同

社会保险的保险对象通常是法定范围内的社会劳动者，目的在于保障他们老弱病残或失业时的基本生活；而商业保险是由全社会的成员自愿参加，投保人是为了获得一定的经济补偿，维持一定的生活品质。

7. 缴费方式不同

社会保险的费用一般由参保人员的单位代扣代缴，一部分交给国家，一部分存入个人账户；商业保险的费用则由投保人本人向投保的保险公司直接缴纳，钱交给商业保险公司。

8. 发放单位不同

社会保险金由政府部门机构统一发放，而商业保险金是由保险公司直接支付给被保险人。

9. 领取规则不同

社会保险对每个社会成员有统一的领取规则，商业保险则根据保险人购买的产品不同而有所不同。

10. 保障水平不同

社会保险是低缴费低保障，但保障相对稳定；商业保险具有重要的补充作用，可以满足人们多方面、多层次的保险需求。

三、保险与理财的关系

保险作为金融的重要组成部分，与普通大众是密不可分的。

1. 保险是理财的基础

理财的内容不单只有保险，但保险是理财的基础，在理财中充当着非常重要的角色。可以说，离开保险，理财就是空中楼阁。如下页图所示，家庭理财规划是由三个层次组成的：保障层、消费层、增值层。

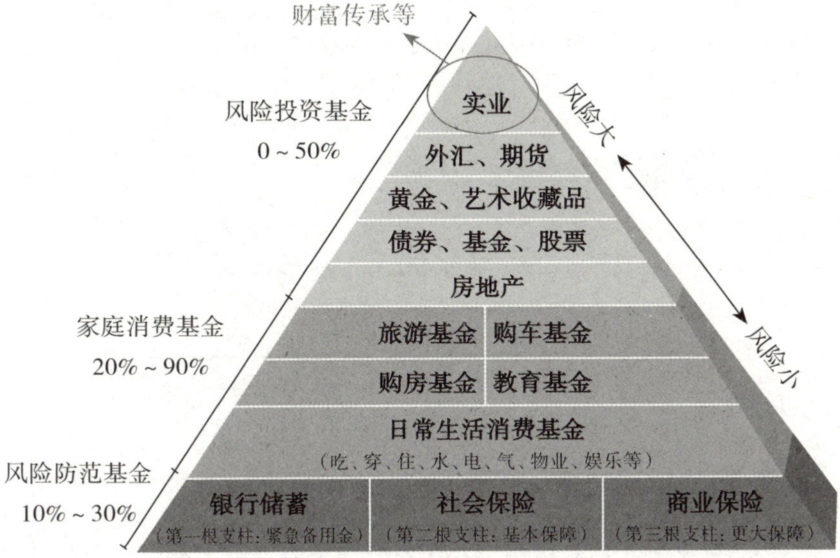

家庭理财金字塔示意图

保障层即风险防范基金，包括：

（1）银行储蓄。

这是家庭理财金字塔的第一根支柱，是家庭的紧急备用金。一般家庭的紧急备用金应准备到足以应付3～6个月（宽裕点的可到1年）的生活各项支出的程度。这样，在家庭收入突然减少或中断时，能有较充足的时间面对困难。但银行储蓄目前是负利率，抵御不了通货膨胀，因此不宜过多。

（2）社会保险。

这是家庭理财金字塔的第二根支柱。社会保险带有强制性和补贴性，只要交够15年，退休后就可以按月领取养老金。但社会保险只是最低水平的基本保障，要想得到丰厚的退休养老金，还需要有充足的商业保险。

（3）商业保险。

这是家庭理财金字塔的第三根支柱。商业保险是分散风险损失的一种财务安排，是寻求风险损失补偿的一种合同行为，是社会互助抵御风险的一种保障机制。商业保险可以对人的生命以及财产进行很好的价值保障，在家庭理财中发挥着重要的作用。

保险贴士

如果家庭理财金字塔的三根支柱都准备好了，那其他风险投资的收益无论好坏都不会影响家庭的基本生活品质。

2. 保险理财的含义

保险是理财工具，解决的是个人和家庭的财务问题，面对意外、疾病、伤残、死亡等风险，总是要有坚固的防守来确保家庭经济不会因风险的发生而崩溃。面对养老、医疗、教育等，我们必须坚守一条基本的底线，而这条底线的就是保险。

保险理财的含义有两层，具体如下图所示。

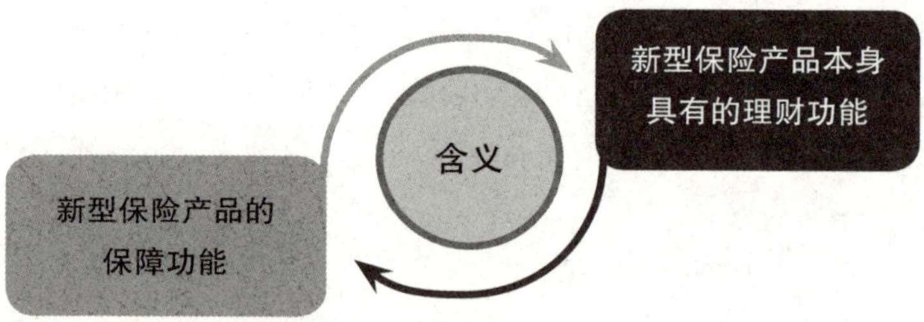

保险理财的含义

（1）新型保险产品的保障功能。

新型保险产品的保障功能主要管控我们在生活中遇到的不可预知的人身风险，保证我们实现人生目标。它可分为两种情况，一是防范意外、疾病等的风险保障；二是为长寿、健康而准备的长期储蓄。这些支出我们可以将其看成消费，表面上看起来没有保值增值，实际上已经有效转移了风险。

（2）新型保险产品本身具有的理财功能。

新型保险产品重新界定了风险与责任，在保险公司和投保人之间形成风险共担机制。新型保险产品在保障功能的基础上实现保险资金保值增值，这是保险保障功能的延伸，也是满足投保人在获取保障之后对长期储蓄，甚至是参与保险理财的需求的满足。

四、保险理财与银行理财的区别

随着理财型产品的出现，保险已不仅仅具有保障安全的功能，它还兼有理财的功能，成为家庭实现资产增值的理想理财工具。

近年来，保险公司发售的很多保险产品都兼具理财功能，被称为“保险理财”，这些保险公司如果与银行合作，把产品拿到银行去卖，就称为“银保理财”。

银行理财产品和银保理财产品的区别如下图所示。

银行理财产品和银保理财产品的区别

1. 期限不同

一般银行理财产品的期限比较短，少则几天多则一两年；而银保理财产品的期限较长，少则三年，多则几十年。

2. 起点不同

银行理财产品起点较高，一般为5万元；银保理财产品起点较低，几千元或一两万元即可购买。

保险贴士

投资者一旦遇到期限较长、起点低于5万元的产品，就很有可能是银保理财产品。

3. 缴费期限不同

所有银行理财产品都是一次性缴清费用；而银保理财产品有的需要一次性缴清费用，有的则需分期缴费。

4. 购买年龄不同

所有银行理财产品均没有对投资人的年龄进行限制；而银保理财产品会对投保人的年龄进行限制，一般不超过60周岁。

5. 收益构成不同

银保理财产品一般分为固定收益和分红收益，凡是提到分红收益的理财产品，多是银保理财产品。

6. 销售主体不同

在银行理财产品的销售合同上销售主体是银行，所盖公章是银行的；而在银保理财产品的销售合同上，出现的都是保险公司的名称，所盖的公章也是保险公司的。

经典案例

保险与银行存款是不同的金融产品

【案例背景】

2014年8月，杨某通过某保险公司代理人钱某的介绍，投保了该保险公司的分红保险，保险金额为10万元，年缴保险费7500元。杨某称，当时代理人介绍投保等同于将钱存银行，随时可以全额退保，并可享受70%的无息贷款（半年内还清）。2016年，杨某向该保险公司提出退保，却被告知不能全额退。2017年8月，杨某再次到保险公司办理退保，被告知只可以退9642元，比所缴的保险费少退12858元，于是杨某向保险监管机构投诉。

保险监管机构经过调查，了解到杨某投保情况属实，该保险公司代理人钱某已经离职，其当初是否承诺可以随时全额退保一事无法查实。后经过协调，该保险公司与杨某协议退保。

【案例分析】

本案是因投保人对保险与银行存款的功能、作用产生误解而发生的纠纷。实际上，保险与银行存款是两种完全不同的金融产品，消费者应对它们之间的不同特点、不同功能有明确的了解和把握，以免走入误区。

现在很多银行开办了代理销售保险的业务，因此，银行销售人员以及消费者本人都会自觉或不自觉地对保险与银行存款进行比较，甚至将两者的回报率作为判断值与不值的重要参考因素。虽然两者均具有一定的投资功能，但它们在以下方面存在本质的差异。

（1）保险的最主要功能是保障而不是投资，而银行存款的最主要功能是储蓄，不具有保障的功能。虽然分红保险中有红利分配，兼具保障与投资两种功能，但分红保险的首要功能仍是保障，一旦发生生老病死等保险事故，被保险人、受益人得到的是相当于所缴保险费几倍甚至几十倍的经济保障。

（2）中途退出后退还的金额不一样。银行存款由于是储蓄，若中途退出，不论是定期还是活期存款，都能得到本金和少量的利息，也就是说本金不会受到损失；但保险若中途退保，未满两年要扣除手续费，满两年则退还现金价值，不论是扣除手续费后退还保险费，还是退还现金价值，都比投保人所缴的保险费少，即不能全额退回保险费，也就是说投保人要遭受损失。在本案中，杨某共缴纳了保险费22500元，但保险公司按规定只能退9642元，这样杨某就会损失12858元。

五、保险理财的策略

你不理财，财不理你。如何理财是当下最流行的话题，也是现代人生活的一门必修课。成功的理财规划是有计划、有步骤、持续地执行并能及时调整的理财方案。那么在理财过程中该采取何种策略？在每种策略中保险的占比该是多少呢？

1. 保本型理财策略

该理财策略的目标是保本：一是保证本金不减少，二是理财所得资金可以抵御通货膨胀的压力，适合风险承受能力比较弱的理财者。主要理财工具是储蓄、国债和保障型险种。参考理财组合：储蓄和保险占70%，债券占20%，其他占10%。如下图所示。

理财目标	保本
适合人群	风险承受能力比较弱的理财者

理财工具	储蓄、国债和保障型险种
理财组合	储蓄和保险占70%，债券占20%，其他占10%

保本型理财策略

2. 稳定增长型理财策略

该理财策略的目标是在稳定收入的基础上寻求资本的增值，比较适合具备一定风险承受能力的理财者。主要理财工具是分红保险、国债、基金、汇富贷。参考理财组合：储蓄和保险占40%，债券占20%，基金和股票占20%，其他占20%。如下图所示。

理财目标	在稳定收入的基础上寻求资本的增值
适合人群	具备一定风险承受能力的理财者
理财工具	分红保险、国债、基金、汇富贷
理财组合	储蓄和保险占40%，债券占20%，基金和股票占20%，其他占20%

稳定增长型理财策略

3. 高收益型理财策略

该理财策略的目标是获取高收益，比较适合具备较强风险承受能力的理财者。主要理财工具有股票、基金、投资连接保险等，如有足够的资金还可以买房、炒外汇。参考理财组合：储蓄和保险占20%，债券和股票占60%，外汇、房地产等占20%。如下图所示。

理财目标	获取高收益

适合人群	具备较强风险承受能力的理财者
理财工具	股票、基金、投资连接保险、买房、炒外汇等
理财组合	储蓄和保险占20%，债券和股票占60%，外汇、房地产等占20%

高收益型理财策略

保险贴士

无论选择何种理财组合，每个家庭都必须要有保险计划，只不过不同的理财组合中保险所占的比例和类别有所不同而已。

相关链接

理财要把控好4个账户

“鸡蛋不要放在一个篮子里”的道理我们都知道，但是面对投资收益的诱惑，我们真的能够把握住分流的原则吗？理财应该体现在个性化上，每个人对生活质量的要求是不一样的，对子女教育方面的投入也不一样，所以在资金的分流上只要把控好以下这4个账户，就可以达到分散风险、保全资产的目的。

1. 即将要花掉的钱，放在您的储蓄账户中

也就是我们常说的未来6个月的生活费。在未来6个月中无论我们有没有收入，都要能保证家人的生活品质不发生变化，比如说老人的保健费、子女的教育费、日常的生活费等。把这些钱计划好存进我们的储蓄账户中，随时需要随时支取。

2. 暂时不用的钱，放在您的国债、定投账户中

暂时不用，就意味着未来的某一个时间点这笔钱是您一定要用的钱，比如说几年后孩子上重点中学的学费，再过几年后孩子上大学或留学的钱等。这些钱要及早准备，我们可以拟订一个国债、基金或者保险的定投计划，从而实现积沙成塔的目标。

3. 一直不用的钱，放进您的投资、理财账户中

有这样一笔钱，我们的家庭生活会更美好，没有这笔钱，也不会让家人挨饿受罪，这笔钱叫作“一直不用的钱”。我们一定要用这笔钱做些收益比较大的投资，比如做些生意、搞些实业投资、购买一些门面房、买点股票等。这样既可以享受到国家政策给我们的实惠，又可以在资本市场好的情况下额外得到一些收益，即使是有些亏损，也不用担心自己的家庭生活受到影响。

4. 将来一定要用的钱，放进您的保险账户中

生老病死，谁都无法回避。第四个账户——保险账户，就是用来解决未来我们无法确定的养老、重病、意外等风险问题的账户。

我们这一生就算不会生病住院，不会发生意外，也都会变老。一般家庭中两个年轻人除了要负担孩子的成长教育费用，要应对激烈的社会竞争外，还要负担老人的生活、医疗等费用，所以养老是这个时代每个人都需要认真对待的问题。

答疑解惑

Q1：社会保险与商业保险哪个好？

以医疗保险为例，根据目前的市场调查，社会医疗保险的报销比例在50%～70%之间，极少部分城市达到了80%。也就是说，你在看病时只需要承担少量的医疗费用。但是，不在报销范围内的药品是不能报销的。面对高昂的医疗费用，普通家庭更应投保商业保险，以此来补充社会医疗保险的不足。有了商业保险后，本来需要自己承担的医疗费用以及不在医保范围内的用药费用，就可以由商业保险进行报销。也就是说，拥有社会医疗保险以及商业保险后，个人需要承担的经济压力更小了，甚至无需承担。

Q2：没有正式工作，是买社会保险好还是买商业保险好？

如果没有正式工作，也没有稳定的收入，建议先买社会保险。因为社会保险缴费少，有基本保障。保了最基本的温饱之后，若手头宽裕再考虑购买个性化的商业保险。

Q3：有了社会保险后，如何买商业保险？

仍以医疗保险为例，在办理了社会统筹医疗保险后，再购买部分商业保险作为补充，是最佳的选择。

（1）购买医疗补贴型保险最迫切。

对于有社会医疗保险的人群来说，生病住院可以凭实际发生的费用发票向社会医保报销一部分，而商业医疗住院保险金也要依据费用发票才能取得，有时两者会有所冲突或者重叠。建议优先考虑医疗补贴型保险，以减少不必要的保费成本。

（2）意外险是必需品。

虽然大家都不愿意碰到意外死亡或残疾等不幸事件，但谁也不能保证天灾人祸不会发生在自己和家人的身上。同时，意外有时会导致医疗费用的产生，所以购买意外险主险时可以考虑搭配一些意外伤害医疗保险。

Q4：有社会保险后怎样买商业保险才不会重复？

社会保险和商业保险可以互为补充，但是，在购买商业保险时，要注意以下事项，才不会和社会保险重复。

（1）养老保险——首选分红性质。

据了解，社会保险是由企业根据工资按照一定比例进行强制扣除的保险，而商业养老保险则完全取决于个人投保情况。在购买商业养老保险时，应不高于自己个人年收入的10%。此外，在目前的商业保险的商品种类中，分红性质的商业养老保险最适合人们用于养老金投保。其次是投资连接型保险和万能险，其中，投资连接型保险适合有较强投资判断能力的人群，而万能险则适合兼顾寿险保障和养老需求的人群。

（2）医疗保险——可选住院险。

对于绝大部分消费者而言，利用商业医疗保险补充社会医疗保险时，需要掌握以下报销原则。

首先，在报销时，社会医疗保险会先于商业医疗保险，所以在投保费用补偿性质的保险时，需要重点考虑社会医疗保险中个人自付的费用。

其次，投保商业医疗保险的比例应不高于个人年收入的5%，同时出于对保障有效性的考虑，建议投保住院保险和重大疾病保险。

（3）伤残保险——首先考虑意外险。

商业保险对于社会保险而言，并不仅仅停留在补充作用上，不少社会保险中没有的保障，商业保险都能实现。很多意外险中都包含意外医疗险，如果发生骨折、摔伤、被狗咬伤这样的意外，治疗费用一般在2000元以下，消费者可以通过购买此类保险来报销。

Q5：银行可不可以卖保险？

可以，但必须符合两点要求：所卖保险必须是银行代理的保险；所卖保险的必须是银行的而非保险公司的工作人员。也就是说，客户可以在银行买保险，但买的应该是银行代理的保险，合同是和银行的理财经理签的。最重要的是，客户必须知道自己买的是保险产品。

Q6：购买银保产品需要注意什么？

（1）莫将保险与存款混淆。

在银行办理业务的过程中，要分清楚存单和保单，防止忙中出乱填错了。事实上，在银保产品的合作中，银行只是提供销售渠道并且向保险公司收取一定的渠道佣金，并不承担任何的担保责任。投保者在购买银保产品之后遇到任何问题，都应该咨询开发该银保产品的保险公司。

（2）莫把保险收益与股票和基金对比。

保险的本质在于提供保障，这是其他任何产品都无法替代的关键作用。银保产品是在提供一定保障的基础上，适当增加收益。如果纯粹考虑收益，那么保险与股票、基金是无法相提并论的。但同样的，一旦发生风险时，保险所能提供的保障，比如意外保障、身故保障等，也是股票和基金所无法相比拟的。

（3）要了解投资者需要承担哪些费用。

以万能险为例，投保时有必要问清楚需要支付的费用的具体构成，如初始费用多高、保单管理费用是多少、是否收取其他费用等，这些费用将直接影响到实际的收益水平。这样做可避免日后有可能产生的纠纷。

（4）满期时间要问清楚。

保险公司推出的银保产品不少为期缴型产品，例如缴费5年，10年后满期领取生存金。这当中就会出现“缴费期限”和“满期时间”两个概念。由于不明白这两个概念的区别，不少投保人会把上述例子中的5年当成产品的期限（缴费5年，10年后满期），在5年后去支取，却发现此时自己属于主动退保，造成了较大的损失。满期时间一般比缴费期限长，因此投保人在选购银保产品时必须先问清楚满期时间，也就是产品到期的时间点。

Q7：想理财是选保险还是选储蓄？

尽管很多寿险产品都具有储蓄的功能，但简单地将保险与储蓄进行比较还是不妥的，储蓄和保险哪个合算更不能一概而论。

保险与储蓄是两类不同性质的金融产品，不能简单地说谁好谁不好，都是以现在的结余做未来的准备，两者在后备财产的形成以及保障经济生活的安定方面，都是一种可靠的方法。

它们之间有许多相似点，但并非没有区别，所以不能把保险等同于储蓄。它们在功能、性质、流动性方面都有很大的差异。保险是一种互助行为，缴纳的保险费用被用来建立保险基金，一旦发生保险事故，投保人就有可能获得数十倍甚至数百倍的保险赔偿金。储蓄虽然可以自由支配，但充其量只能获得存款本金与利息。

从家庭理财的角度来看，经济条件允许的话可以进行多样选择。储蓄是需要的，因为可以随时领取，以应付生活中的各种小意外。

同时我们也应该结合自己的风险状况购买合适的保险，以应付超出自身承受能力的意外，比如遭受特大自然灾害或不幸患染重大疾病。条件好的还可以购买商业养老保险作为社会保险的补充，为自己准备一份长期稳定的收益保障。

投保指南

一、身为高管的单身妈妈如何规划保险

【投保背景】

现年42岁的马女士是某公司的高级管理人员，马女士曾经拥有一个幸福的家庭，可是因为双方的个性都较强最终选择了离婚。目前马女士带着15岁的女儿和母亲一起生活。马女士的自用房目前还有近50万元的房贷，每月还贷额为4800元。马女士月薪为12000元，另有一些额外收入约2000元，年终还有7万多元的奖励，母亲的退休金每月为2600元。家庭基本生活开销每月仅在2000元左右，女儿教育费用为每月1000元。

【投保需求】

除基本的社会保险外，马女士一家均没有其他保险，她希望增加家庭的保障。

【投保分析】

马女士的家庭比较特殊，由于是单亲单收入家庭，除母亲的退休金外，生活压力全部由马女士一人承担。每月还贷的金额与收入之比是29%，刚好处于家庭财务安全线以内，但也面临一些问题：家庭成员保险份额严重不足，家庭无任何投资收益以及资金储备。

【投保规划】

马女士家庭的保险意识比较薄弱，建议马女士投保一些商业保

险，一份是附加意外伤害医疗的意外伤害保险，一份是附加住院津贴的医疗保险，保险额度为10万元，这样基本可以囊括马女士自身的风险保障。

由于女儿比较小，因此需要为其购买一份重症疾病险和一份意外伤害险。

建议为老人建立一个储蓄账户，将老人的退休金单独进行储蓄，作为老人将来可能出现的医疗费用的储备。

二、年入18万元的单身妈妈如何规划保险

【投保背景】

何女士，35岁，离异单身，6岁的女儿由自己抚养，前夫每月支付4000元抚养费。何女士有房有车，税后月收入为15000元，月消费为10000元。此外，何女士父母有100万元，准备将这笔存款交给女儿打理。目前何女士的存款为30万元，其中20万元放在银行理财，10万元投资于股市。

【投保需求】

何女士目前无再婚计划，准备用上述资金保障自己和女儿未来的生活，并提高生活质量。

【投保分析】

（1）保险规划——完善基础保障。

何女士目前没有再婚计划，随着何女士父母的年龄逐渐增大，在医疗费用上的支出有可能会越来越多，随着女儿的成长，所需的教育经费也会越来越多。何女士作为家庭的主要经济来源，为自己制订一份保障计划是首要任务，建议优先选择定期寿险、意外伤害险和重疾险，保费支出在年收入的10%左右，这样既不会带来生活压力，也可

以满足保障需要。同时还应关注对孩子的保障，为女儿选择一份合适的意外伤害险和重疾险。

（2）流动资金——紧急备用金。

通常紧急备用金为3个月的家庭收入，可以根据自己的实际情况进行调整。何女士可以将5万元投资于银行开放式理财、货币型基金等，这类产品通常流动性较强，收益率比活期存款略高，可以满足紧急生活支出。

（3）中期资金——投资性资产配置。

短期资金一般是牺牲投资收益性来满足流动性，那么中期资金就要在收益性上做一些弥补。按照风险等级从小到大划分，何女士可以将120万元资金按比例分别投资于国债、银行定期存款、银行理财、债券型基金、股票型基金、黄金及股票。这种资产配置的优点是产品丰富，能够分散一部分的投资风险，提高投资组合整体预期回报率。

（4）长期资金——女儿教育金规划。

简单来讲，基金定投就是委托银行在每月固定时间以固定金额申购开放式基金。定投的特点是积少成多、平均成本、分散风险，是长期规划中经常用到的工具。建议可以将每月收入的20%用于基金定投，尽量选择股票型基金或者指数型基金，因为净值波动越大，越有利于用时间平均投资成本，预期收益率也越高。

三、没有工作的单身妈妈如何规划保险

【投保背景】

中专学历的高女士是一名37岁的家庭主妇，两年前离异，健康状况一般，基本没有工作经验和其他生存技能，没有参加社会保险，也无商业保险。

女儿12岁，健康状况良好，没有参加社会保险，也无商业保险。

家庭现有现金及存款20万元，银行理财产品200万元，3套房产估价180万元，其中一套自住，两套出租。加上前夫每月支付的抚养费，家庭年收入为11万元，年支出为5万元。

【投保需求】

高女士希望保证孩子无忧地成长，并顺利接受大学程度的教育；同时想给自己买养老保险和医疗保险，确保以后的生活能有保障。高女士认为日常生活费、子女教育金、医疗保障比较重要：

（1）要给自己提供充分的保障，包含基础的社会保险，以及意外险、医疗险、重大疾病险、养老险等商业保险。

（2）子女教育金的准备，为女儿顺利完成大学学业提供保障。

（3）丰富投资的渠道，实现资产的保值及增值。

【投保分析与建议】

（1）现有资产规划。

根据现金规划的要求，家庭要留有6个月到1年的生活支出费用，也就是家里需要留有5万元的存款，考虑到是单亲家庭，家庭可能需要更多的存款，暂定为10万元比较合适。这部分资金必须选择较为保守的投资方式，收益性相对要低一些，投资渠道包括常规的银行存款、货币市场基金、保守配置型基金、债券型基金等。

固定资产三套房屋，一套自住，其余两套出租或变现。

200万元银行理财产品，理财渠道单一，可以优化理财结构，适当调整投资策略，进行一些保障性的理财。

（2）家庭保障规划。

单亲家庭抗风险的能力大多很弱，如果没有良好的保险保障和理财规划，一旦风险来临，往往会陷入窘迫的境地。高女士与女儿相依为命，如果高女士有什么不测，女儿便有可能无人照顾，虽然高女士不是家中主要的经济来源，但她承担了很多的家务和家庭责任，因此更需要长远保障。高女士需要先给自己购买意外、重疾、住院医疗方面的商业保险，然后再考虑给孩子购买健康、意外、子女教育方面的商业保险。在资金富余的情况下，可选择一些分红返还型的理财产品，前期先帮孩子缴费，等到孩子有能力了再让她自己缴，这样也能从另一个角度帮孩子树立正确的理财观念。

推荐基本产品组合为：重大疾病医疗险+住院医疗险+住院医疗津贴+终身寿险+意外伤害险+意外伤害医疗险+养老金。

①终身寿险。

虽然高女士只是家庭主妇，没有工作收入，但是担负着照顾女儿的重任，可以投保以生命为标的的寿险。终身寿险是保障终身的寿险产品，其储蓄性、积累性较强，其保单可以随着时间的推移保值增值，是一份必定会留给家人的资产。

②意外险。

可购买意外伤害险和意外伤害医疗险。

③健康类账户。

遭遇健康危机时有足够的资金应对，可以减轻家庭负担，维持一定的生活品质。高女士是专职家庭主妇，根据统计，家庭主妇患病的概率要高于职业女性，而且终日和抽油烟机为伍的家庭主妇是罹患肺癌的高危群体之一，高女士单靠社会医疗保险无法应对重大疾病，建议从三方面构筑“健康防火墙”，包括重大疾病医疗险、住院医疗险、住院医疗津贴。

④养老金账户。

高女士现在37岁，假设18年后达到法定退休年龄。退休后每年开支维持和现在同等的水平即3万元（当前家庭年支出为5万元，由于届时不用支付孩子的教育及生活费用，因此扣除每年教育支出2万元），根据目前的通货膨胀率及CPI的上涨指数，高女士从55岁退休起生活到80岁共需养老金100万元。针对养老金总需求，高女士可购买分红型养老险。

（3）子女教育金规划。

为女儿的大学教育金做好准备。女儿今年12岁，推断6年之后上大学，应提前给她准备好教育金。目前普通大学的学费每年为

6000～13000元，根据学费的涨幅，高女士女儿4年大学的学费需3万～5万元。根据CPI的上涨指数，6年之后大学生每年的生活费为约2万元，4年约需8万元。即需要准备大学费用12万～13万元，从现在开始每年需要储蓄2万元方能备齐大学教育金。高女士可为女儿购买兼具教育金和基本保障的保险组合，前期帮孩子缴费，等到孩子有能力了再让她自己缴，这样也能从另一个角度帮孩子树立正确的理财观念。

第三章 | 理性选择保险

保险箴言

保险是对人生的修复

面对复杂的世界，生命始终是脆弱的，各种意外和疾病总会击倒一大批毫无准备的人。所以，保持健康很重要，但修复健康同样重要。保险是健康最好的修复剂，它能在你失去健康时，为你支撑生活的重担，使你能重新站起来勇敢地面对自己的生活和人生。

要点解析

一、人身保险

人身保险是以人的寿命和身体为保险标的的保险。当人们因疾病、伤残而丧失工作能力或死亡以及年老退休时，根据保险合同的约定，保险人应给付被保险人或受益人保险金或年金，以解决其因病、残、老、死而给家庭造成的经济困难。

传统人身保险的产品种类繁多，但按照保障范围可以划分为下图所示的三类。

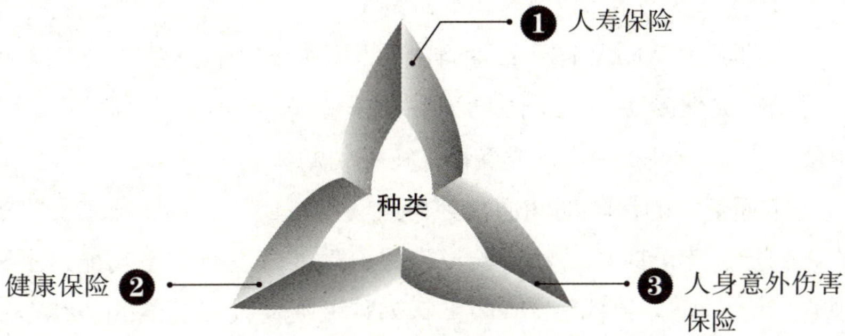

人身保险的种类

二、人寿保险

人寿保险是人身保险的一种，简称“寿险”，是以被保险人的寿命为保险标的，且以被保险人的生存或死亡为给付条件的人身保险。

人寿保险可以划分成风险保障型人寿保险和投资理财型人寿保险。

1. 风险保障型人寿保险

风险保障型人寿保险偏重于保障人的生存或者死亡的风险，可以分为下图所示的四种类型。

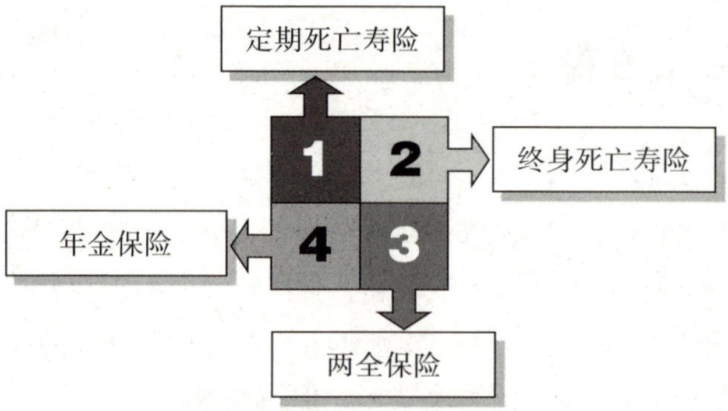

风险保障型人寿保险的种类

（1）定期死亡寿险。

定期死亡寿险又称“定期寿险”，是指被保险人在保险期内死亡才可以得到保险金。若保险期满后被保险人仍然生存，保险公司不承担给付责任，即被保险人或受益人得不到赔款。

定期寿险的保险期间通常为1年、5年、10年、20年或者保障被保险人到指定年龄时止。该保险只有保险功能，没有储蓄功能，不积累现金价值，所以定期寿险一般被认为是无任何投资功能的“纯净”的保险。

保险贴士

这种保险适合收入较低而急需较高保险金额的人购买，通常作为终身寿险或两全保险的补充，可以用作贷款的担保手段。

（2）终身死亡寿险。

终身死亡寿险又称“终身寿险”，是保险公司向被保险人提供终身死亡保障的一种保险。由于任何被保险人终有一死，只是死亡的时间不确定，因此，终身寿险实际上是一种不定期的死亡保险。

终身寿险的特点如下图所示。

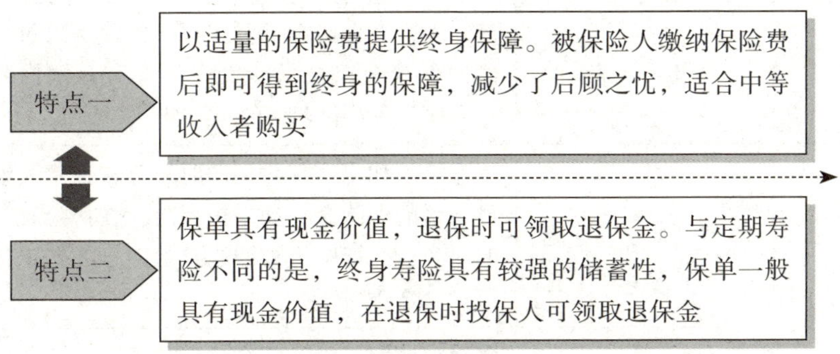

终身寿险的特点

（3）两全保险。

两全保险，又称“生死合险”，是指被保险人在保险合同约定的保险期间内死亡，或在保险期满时仍生存，保险人按照保险合同约定应承担给付保险金责任的人寿保险。

两全保险具有下图所示的特点。

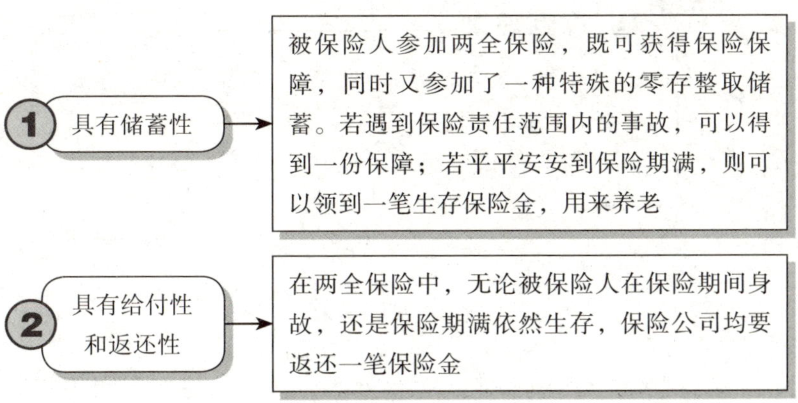

两全保险的特点

两全保险的种类很多，主要如下表所示。

两全保险的种类

序号	种类	具体说明
1	普通两全保险	无论被保险人在保险有效期内死亡或生存至保险期满，保险人都给付保险金
2	双倍两全保险	被保险人在保险期满时生存，保险人给付一倍的保险金；被保险人在保险有效期内死亡，保险人给付两倍的保险金
3	养老附加定期保险	被保险人如果在保险期满时生存，保险人给付一倍的保险金；如果被保险人在保险有效期内死亡，保险人按照生存保险金的若干倍给付保险金
4	联合两全保险	由两人或两人以上联合投保的两全保险。在保险有效期内，联合被保险人中的任何一人死亡时，保险人给付全部保险金，保险即终止；如果在保险有效期内，联合被保险人中无一人死亡，保险期满时保险人也给付保险金，保险金由全体被保险人共同受领

保险贴士

两全保险可以为老年人提供退休金，可以为遗属提供生活费用，在特殊情况下，可以作为投资工具、半强迫性储蓄工具，也可以作为个人借贷中的抵押品。

（4）年金保险。

年金保险是指在被保险人生存期间，保险人按照合同约定的金额、方式，在约定的期限内，有规则地、定期地向被保险人给付保险金的保险。年金保险也是以被保险人的生存为给付条件的人寿保险，但生存保险金的给付，通常采取的是按年度周期给付一定金额的方式。

如果一个人的寿命与他的预期寿命相同，那么他参加年金保险既未获益也未损失；如果他的寿命超过了预期寿命，那么他就获得了额外的保险金，其资金主要来自没有活到预期寿命的那些被保险人缴付的保险费。所以，年金保险有利于长寿者。

年金保险的种类如下表所示。

年金保险的种类

序号	种类	具体说明
1	个人养老保险	这是一种主要的个人年金保险产品。年金受领人在年轻时参加保险，按月缴纳保险费至退休日止。从达到退休年龄次日开始领取年金，直至死亡
2	定期年金保险	这是一种投保人在规定期限内缴纳保险费，被保险人生存至一定时间后，依照保险合同的约定按期领取年金，直至合同规定期满时止的年金保险。如果被保险人在约定期内死亡，则在被保险人死亡时终止给付年金
3	联合年金保险	这是以两个或两个以上的被保险人的生命作为给付年金条件的保险。它主要有联合最后生存者年金保险以及联合生存年金保险两种类型： （1）联合最后生存者年金保险是指同一保单中的两人或两人以上，只要还有一人生存就继续给付年金，直至全部被保险人死亡后才停止 （2）联合生存年金保险是指只要其中一个被保险人死亡，就停止给付年金，或者减少一定的比例
4	变额年金保险	保险公司把收取的保险费计入特别账户，主要投资于公开交易的证券，并且将投资红利分配给投保人，投保人承担投资风险，保险公司承担死亡率和费用率的变动风险

相关链接

购买年金保险的注意事项

年金保险是投保人年轻时为年老生活投资的保险，可以帮助投保人在年老时继续拥有优质的生活。大家可以从以下几方面来选择年金保险。

1. 要尽早购买

其实所有保险都应该尽早购买，因为保费与投保年龄是成正比的。对于20岁左右的年轻人来说，尽早购买养老险是非常明智的，同时搭配一定的意外险、医疗险及大病险，就基本上可以抵御各种风险，一旦出险即可用理赔金补偿养老保险的保费，不会因为保障不足而使已有保险失效。

2. 选择有保证领取期的产品

年金保险应增加领取金额，选择有保证领取期的产品。年金保险是以被保险人生存为给付条件的一种保险，为避免被保险人寿命过短损失养老金的情况，不少年金保险都承诺10年或者20年的保证领取期，选择这种产品即使未到领取年限就身故，也可将剩余未领取金额给予指定受益人。

3. 最好不要购买即缴即领型年金保险产品

商业年金保险保险金领取起始时间一般集中在被保险人50周岁、55周岁、60周岁、65周岁四个年龄段。年金保险产品要有足够的资金增值时间，才能保证未来的收益。即缴即领型的产品因为缺乏资金积累时间，产品现金价值较低，通常要很长时间才返本。

4. 要根据利率高低选择

要根据保险公司提供的利率高低来选择，利率越高消费者获利越多。

5. 要注意附加费用率

要注意保险公司的附加费用率的高低和扣除年限，附加费用率是投保人缴的保费被扣除的比例，保险公司营运的费用，附加费用越低，投保人投入的成本扣除就越低。

2. 投资理财型人寿保险

投资理财型人寿保险侧重于投资理财，也具备传统寿险所具有的功能。投资理财型保险可分为下图所示的三种类型。

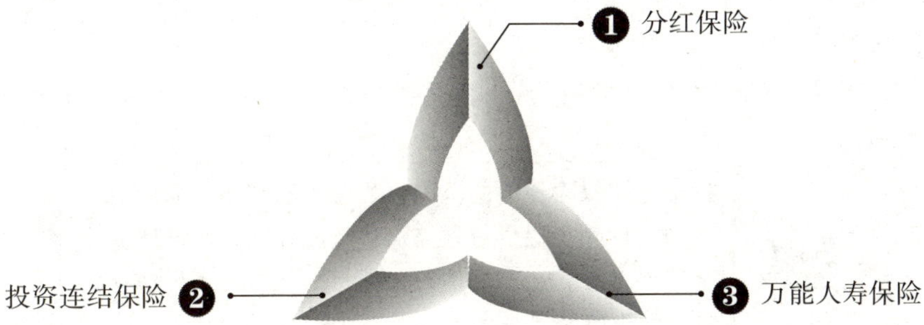

投资理财型人寿保险的种类

（1）分红保险。

分红保险保单持有人在获取保险保障之外，还可以获取保险公司的分红，即与保险公司共享经营成果。该保险是抵御通货膨胀和利率变动的主力险种。

分红保险的红利主要来源于“三差”：利差、死差和费差，具体如下图所示。

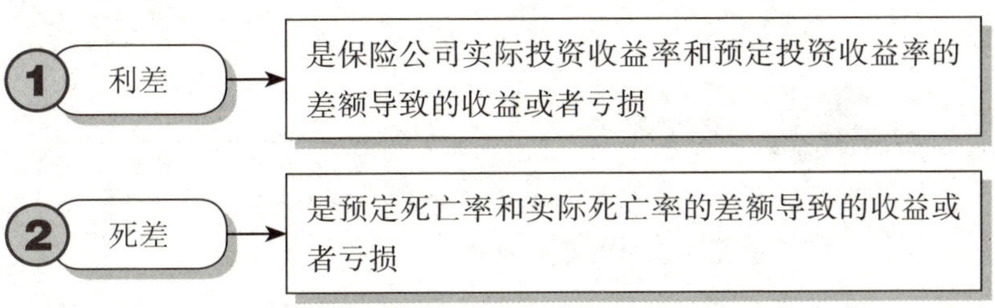

③ 费差 → 是保险公司预定费用率和实际费用率的差额导致的收益或者亏损

分红保险的红利来源

一般来说，在规范的保险市场中，保险公司之间的死差和费差差异不大，红利主要来源于利差收益。

（2）投资连结保险。

投资连结保险顾名思义就是保险与投资挂钩的保险，是指一份保单在提供人寿保险时，在任何时刻的价值是由其投资基金当时的投资表现所决定的。

投资连结保险具有下图所示的功能。

保障功能：投资连结保险保障的范围、程度等因具体产品而异。有的险种除了提供意外与疾病身故保险金、全残保险金等保障外，还有其他服务项目，如保证可保选择权和豁免保险费等

投资功能：投资连结保险的投资部分的回报率是不固定的，未来投资收益具有一定的不确定性，保单价值将根据保险公司实际投资收益的情况确定

投资连结保险的功能作用

投资连结保险的保险费在保险公司扣除死亡风险保险费后，剩余部分直接划转到客户的投资账户，保险公司根据客户事先选择的投资方式和投资渠道进行投资，投资收益直接影响客户的养老金数额。

保险贴士

投资连结保险保单持有人在获取保险保障之外，至少在一个投资账户拥有一定的资产价值。

（3）万能人寿保险。

万能人寿保险是指至少在一个投资账户拥有一定资产价值的人身保险产品。万能人寿保险除了同传统人寿保险一样给予生命保障外，还可以让投保人直接参与由保险公司为投保人建立的投资账户内资金的投资活动，将保单的价值与保险公司独立运作的投保人投资账户资金的业绩联系起来。

万能人寿保险具有弹性、成本透明、可投资的特征。在保险期间，保险费可随着保单持有人的需求和经济状况变化而变化，投保人甚至可以暂时缓交、停交保险费，从而改变保险金额。

万能人寿保险将保险单现金价值与投资收益联系起来，保险公司按照当期给付的数额、当期的费用、当时保险单现金价值等变量确定投资收益的分配比例，并且向所有保单持有人提供书面报告。

经典案例

不能盲目听信高回报的承诺

【案例背景】

2016年11月，钟某通过某寿险公司代理人郑某的介绍，为其儿子投保了该寿险公司3份分红保险，年缴保险费26056元。钟某称当时代理人郑某介绍购买该保险只用缴保险费47万元，即可领取180万元，在填写投保单时钟某称还未决定是否购买，郑某则称投保单只是一份计划、草稿，从而骗取了他的签名和投保。

后钟某经过了解得知，代理人所说的高额回报并不存在，从而将其投诉至保险监管机构。

经过调查和核实，代理人郑某在向钟某出具的计划书上留有“保险费47万元，领取180万元”的字样，郑某已承认上述字样为其本人手写。郑某将保险中不确定的红利当成确定利益介绍给投保人，构成了误导。保险监管机构据此对郑某及其上级主管和该寿险公司依法做出了处理，该寿险公司也将钟某的保险费全额退还。

【案例分析】

本案是因购买分红保险所引起的投诉与争议。分红保险是一种新型的寿险产品，与传统的寿险产品相比，分红保险具有自己的特点和功能，红利与保险公司的实际经营情况密切相关。因此，消费者购买分红保险时应对分红保险的特点、功能、红利的来源等保险知识有所了解，以防被他人许诺的高额回报所蒙骗。

（1）郑某的行为构成对消费者的误导。

在本案中，郑某承诺的高回报是根据保证生存利益加上红利计算而来，其中红利按回报率每年为6%来计算，实际上红利部分是不确定或不能保证的，这要根据保险公司的经营状况来确定，既有可能比6%高，也有可能比6%低，甚至有可能为0，在回报率为0的情况下，保险公司当年就会没有红利分配。因此，郑某关于分红保险高回报的承诺事实上已构成了对消费者的误导。

（2）投保单的法律效力。

投保单是投保人经过保险代理人的介绍后向保险公司提出要求投保某保险产品的文件，其目的是要求订立保险合同，因此，从法律上讲，它是投保人向保险公司发出的要约，一经签署，对投保人和保险公司就具有法律效力。这种法律效力主要表现在：投保人不得擅自撤销或者变更，保险公司承诺时必须受到投保单的约束，不得超出投保单的范围。因此，本案中郑某所称“投保单只是一份计划、草稿”是错误的，如属实，应认定其构成误导。

三、健康保险

健康保险是以被保险人的身体为保险标的，以被保险人在保险期间内因疾病、分娩不能从事正常工作，或因疾病、分娩造成残疾或死亡时由保险人给付保险金的一种保险。

按照保险责任，健康保险可分为疾病保险、医疗保险、收入保障保险等。

1. 疾病保险

疾病保险是指以疾病为给付保险金条件的保险。通常这种保单的保险金额比较大，给付方式一般是在确诊为特种疾病后，立即一次性支付保险金。

构成健康保险所指的疾病必须具有下图所示的三个条件。

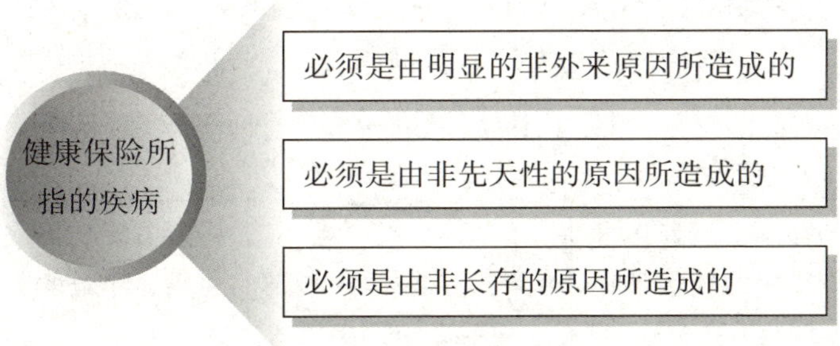

健康保险所指的疾病

2. 医疗保险

“医疗保险”是医疗费用保险的简称，是指以约定的医疗费用为给付保险金条件的保险，即提供医疗费用保障的保险，它是健康保险的主要内容之一。

医疗费用是病人为了治病而发生的各种费用，它不仅包括医疗费用和手术费用，还包括住院、护理等费用。

医疗保险主要包括下图所示的几种类型。

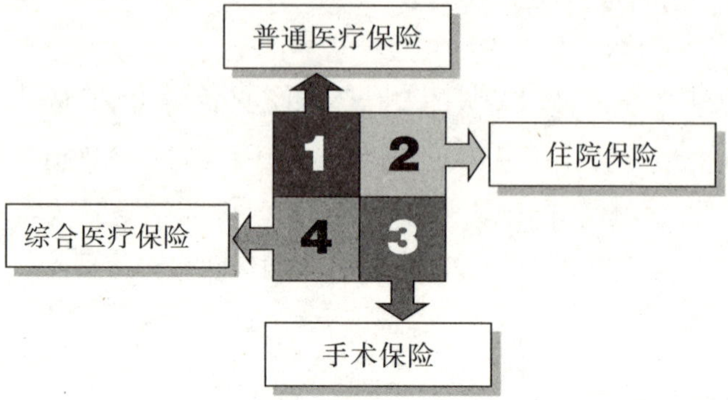

医疗保险的主要类型

3. 收入保障保险

收入保障保险是指以由意外伤害、疾病导致收入中断或减少为给付保险金条件的保险，具体是指当被保险人因疾病或意外伤害而残疾，丧失劳动能力不能工作以致失去收入或减少收入时，由保险人在一定期限内分期给付保险金的一种健康保险。

收入保障保险一般可分为下图所示的两种。

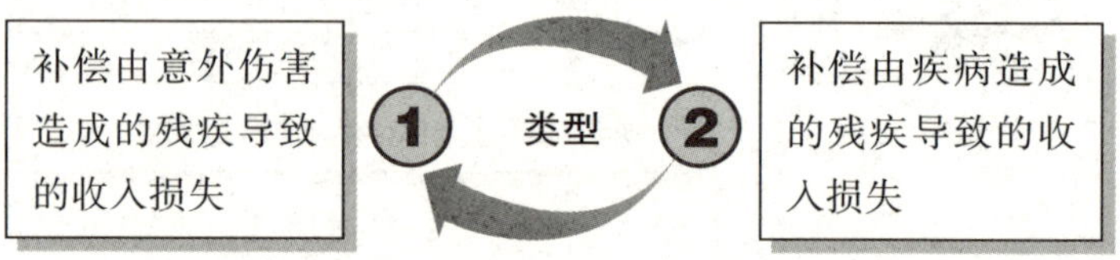

收入保障保险的类型

四、意外伤害险

年近40岁的艾女士是一家纺织企业的老总，事业成功、家庭幸福。出于对自己和家人负责的想法，几年前艾女士经朋友介绍，投保了20多万元的人寿保险和80多万元的意外伤害险。

一次，艾女士和几个要好的朋友一起到海滨某度假胜地旅游，没想到在酒店的泳池内游泳时，艾女士不幸溺水身故，意外的发生令艾女士的家人和朋友悲痛欲绝。在接到艾女士的家人的理赔申请后，保险公司迅速进入了核赔程序，很快便将100多万元的理赔款送到了仍然沉浸在悲痛中的艾女士的家人手中。

虽然这100多万元的理赔款并不能换回艾女士的生命，但这笔钱却可以替艾女士继续赡养年迈的双亲、照顾尚在读书的女儿，既是对死者的一种慰藉，也是支撑生者好好生活的必要经济基础。

意外伤害险是指被保险人在保险有效期内遭受外来的、突然发生的、非本意的意外事故，致使身体蒙受伤害而残废或死亡时，保险公司按照保险合同的规定给付保险金的保险。

1. 意外伤害险的要件

意外伤害险必须符合下图所示的要件。

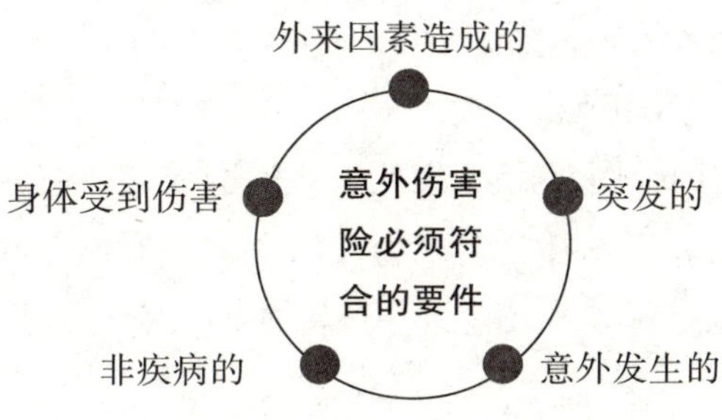

意外伤害险必须符合的要件

图示说明：

（1）外来因素造成的是指由身体外部原因造成的事故，如车祸、被歹徒袭击、溺水、食物中毒等。

（2）突发的是指在瞬间发生的事故，没有较长的过程，如落水、触电、跌落等。职业病是由于伤害逐步累积而形成的，而且是可以预见和预防的，故不属于意外事故。

（3）意外发生的是指被保险人未预料到和非本意的事故，如飞机坠毁等，另有一些事故虽然可以预见或避免，但由于无法抗拒或履行职责不得回避，也应列入意外范围，如轮船着大火被迫跳海逃生、见义勇为与歹徒搏斗而负伤等。

（4）疾病所致的损伤，虽不是本人事先所能预料的，但它是人体自身产生的结果，故不属于意外事故。如脑溢血发作不省人事。

（5）意外伤害的对象必须是被保险人的身体某个部位，且伤害事实成立（如虽触电但未伤及身体，属伤害事实不成立）。

2. 意外伤害险的主要险种

意外伤害险可分为个人意外伤害险、团体意外伤害险和特种意外伤害险三类。

（1）个人意外伤害险。

指以被保险人在日常生活、工作中可能遇到的意外伤害为标的的保险，保险期限一般较短，为一年或一年以下。

（2）团体意外伤害险。

指社会组织为了防止本组织内的成员因遭受意外伤害致残或致死而受到巨大的损失，以本社会组织为投保人，以该社会组织的全体成员为被保险人，以被保险人由意外事故造成的人身重大伤害、残废、死亡为保险事故的保险。

（3）特种意外伤害险。

这是一种保险责任范围仅限于某种特定原因造成的意外伤害的保险。最主要的保险类型是旅行意外伤害险、交通事故意外伤害险和电梯乘客意外伤害险。

保险贴士

根据工作性质的不同，对意外伤害险的需求也不相同，消费者在购买意外伤害险时，要根据各自工作的性质以及自身需求进行购买。

3. 交通意外险

根据交通工具划分，意外险可分为航空意外险和交通工具意外险等险种。航空意外险只承保乘坐飞机的意外事故，而交通工具意外险的保障范围则更广，可以承保乘坐飞机、火车、地铁、轻轨、轮船、汽车等各种交通工具的意外事故，保费因保险公司和保额的不同而不同。

每天乘坐交通工具上下班的上班族也可以购买意外险以防范风险。这类人群可以购买专门针对都市白领的个人综合意外险，但这类意外险对每个被保险人可投保的最高保额会有一定的限制。

4. 旅游意外险

旅游意外险是指被保险人在保险期限内，于旅游的途中因意外事故而死亡或伤残，保险人应承担保险责任的保险。旅游意外险适合所有外出旅行的人，它具有价格低、投保灵活的优点。目前我国个人可投保的旅游意外险主要有个人旅游意外险、旅游救援险几种。

外出旅游观光人士、户外运动爱好者，应该购买旅游意外险主险和附加的旅游救援险。主险对在旅游途中发生意外事故导致的伤残给予赔偿，附加险对因旅游意外事故而产生的救援和救助费用给予赔偿。

五、财产保险

财产保险是指投保人根据合同约定，向保险人缴付保险费，保险人按保险合同的约定对所承保的财产因自然灾害或意外事故而遭受的损失承担赔偿责任的保险。

1. 财产保险的定义

财产保险有广义与狭义之分。广义的财产保险是指以财产及其有关的经济利益和损害赔偿责任为保险标的的保险；狭义的财产保险则是指以物质财产为保险标的的保险。在保险实务中，后者一般称为“财产损失保险”。

2. 财产保险的业务内容

《中华人民共和国保险法》第九十五条规定，财产保险业务，包括财产损失保险、责任保险、信用保险、保证保险等保险业务。

可保财产，包括物质形态和非物质形态的财产及其有关利益。

（1）以物质形态的财产及其有关利益作为保险标的的，通常称为“财产损失保险”。

比如，飞机财产保险、卫星财产保险、电厂财产保险、大型工程财产保险、汽车财产保险、船舶财产保险、厂房财产保险、设备财产保险以及家庭财产保险等。

（2）以非物质形态的财产及其有关利益作为保险标的的，通常是指各种责任保险、信用保险等。

比如，公众责任保险、产品责任保险、雇主责任保险、职业责任保险、出口信用保险、投资风险保险等。

保险贴士

并非所有的财产及其有关利益都可以作为财产保险的保险标的。只有根据法律规定，符合财产保险合同要求的财产及其有关利益才能成为财产保险的保险标的。

六、家庭财产保险

家庭财产保险是以城乡居民室内的有形财产为保险标的的保险。我国于2011年开办的家庭财产保险主要有普通家庭财产险和家庭财产两全险。

1. 普通家庭财产险

根据保险责任的不同，普通家庭财产险又分为下图所示的两种。

普通家庭财产险的种类

（1）灾害损失险。

灾害损失险的保险标的包括被保险人的自有财产、由被保险人代管的财产或被保险人与他人共有的财产。灾害损失险规定的保险责任包括火灾、爆炸、雷击、冰雹、洪水、海啸、地震、泥石流、暴风雨、空中运行物体坠落等一系列自然灾害和意外事故。

对于被保险人为预防灾害事故而事先支出的费用，保险人原则上不予赔偿；但对于在灾害事故发生后，为防止灾害损失扩大，积极抢救、施救、保护保险标的而支出的费用，保险人将按约定责任提供补偿。

经典案例

房屋墙体出现裂缝，保险公司拒赔

【案例背景】

小梅于2017年4月21日在某保险公司购买了家庭财产保险三份，当日，保险公司向其出具了该险种的保险单。承包范围为：房屋及附属设施、房屋装修。保险期间为：2017年4月22日至2018年4月21日。2017年9月21日，一场大雨后，小梅的房子出现墙体裂缝。小梅遂到保险公司报案，认为损失属于承保范围，请求按保险合同的约定给予赔偿。保险公司对造成裂缝的原因进行鉴定后认为，之所以会出现裂缝是由于房屋存在固有的缺陷，在免责范围内，故拒绝赔偿。双方协商未果后，小梅诉至法院。

【案例分析】

家庭财产保险，简单称为“家财险”，主要保险责任包括火灾、爆炸、雷击、冰雹、洪水、海啸、地震、泥石流、暴风雨等一系列自然灾害和意外事故。而财产本身的缺陷却是肯定发生的损失，因此不属于保险责任，应予以免责。在本案中，保险公司对造成裂缝的原因进行鉴定后认为，之所以会出现裂缝是由于房屋存在固有的缺陷，在免责范围内，因此可以不予赔付。

（2）盗窃险。

盗窃险的保险责任是指在正常安全状态下，留有明显现场痕迹的盗窃行为，致使保险财产遭受损失。除自行车、助动车以外，盗窃险规定的保险标的的范围与灾害损失险完全一样。

对于由被保险人及其家庭成员、家庭服务人员、寄居人员的盗窃或纵容行为造成的损失以及房门未锁、门窗未关等非正常安全状态下的失窃损失，保险人均不承担赔偿责任。

2. 家庭财产两全险

家庭财产两全险是一种具有经济补偿和到期还本性质的险种。它与家庭财产保险的不同之处仅在于保险金额的确定方式上。

家庭财产两全险采用按份数确定保险金额的方式：城镇居民每份1000元，农村居民每份2000元，至少投保1份，具体份数多少根据投保财产的实际价值而定。投保人根据保险金额一次性缴纳保险储金，保险人将保险储金的利息作为保费。保险期满后，无论保险期间内是否发生赔付，保险人都将如数退还全部保险储金。

七、企业财产保险

企业财产保险是指以投保人存放在固定地点的财产和物资作为保险标的的一种保险，保险标的的存放地点相对固定，处于相对静止状态。企业财产保险是我国财产保险业务中的主要险种之一，其适用范围很广，一切工商、建筑、交通、服务企业、国家机关、社会团体等均可投保企业财产保险，即对一切独立核算的法人单位均适用。

企业财产按是否可保的标准可以分为下图所示的三类。

企业财产的分类

1. 可保财产

可保财产按企业财产项目类别可划分为房屋、建筑物及附属装修设备，机器及设备，工具、仪器及生产用具，交通运输工具及设备，管理用具及低值易耗品，原材料、半成品、在产品、产成品或库存商品、特种储备商品，建造中的房屋、建筑物和建筑材料，账外或已摊销的财产，代保管财产等。

2. 特约可保财产

特约可保财产，简称“特保财产”，是指经保险双方特别约定后，在保险单中载明的保险财产，分为不提高费率的特保财产和需要提高费率的特保财产。

（1）不提高费率的特保财产。

不提高费率的特保财产是指市场价格变化较大或无固定价格的财产，如金银、珠宝、玉器、首饰、古玩、古画、邮票、艺术品、稀有金属和其他珍贵财物，以及堤堰、水闸、铁路、涵洞、桥梁、码头等。

（2）需要提高费率的特保财产。

需要提高费率的特保财产一般包括矿井、矿坑的地下建筑物及设备和矿下物资等。

3. 不可保财产

含下列六种情况的财产均不属于企业财产保险的投保范围：

（1）不属于一般性的生产资料或物资的财产，如土地、森林、水产资源以及未经收割或收割后尚未入库的农作物。

（2）风险特殊，应投保专门的现金保险的财产，如货币、票证、有价证券。

（3）无法鉴定价值的财产，如文件、账册、图表、技术资料。

（4）与政府相关法律法规相抵触的财产，如违章建筑、危险建筑、非法占用的财产；在运输过程中的物资等。

（5）必然会发生危险的财产，如危房。

答疑解惑

Q1：定期死亡寿险适合什么人群购买？

定期死亡寿险适合以下三类人群购买。

（1）年纪较轻的被保险人。

比如，处于孕育期的学生；处于建设期，刚进入社会或刚结婚的年轻人。

（2）收入有限但生计责任较重大的被保险人。

比如，处于建设期或成熟期，收入较不宽裕，但照顾家庭的责任较重的被保险人。

（3）暂时需要有死亡保障的被保险人。

比如，正在偿还贷款或债务的被保险人；因为失业或其他原因，在缴付保费方面暂时存在困难的被保险人。

Q2：投资连结保险适合哪些人群？

投资连结保险是一种集保险与投资功能于一身的新险种，设有保证收益账户、发展账户和基金账户等多个账户。每个账户的投资组合不同，收益率不同，投资风险也不同。由于投资账户不承诺投资回报，保险公司在收取资产管理费后，所有的投资收益和投资损失由客户承担，客户在获得高收益的同时也承担投资损失的风险。因此，投资连结保险适合于具有理性的投资理念，在追求资产高收益的同时又具有较高风险承受能力的投保人。

Q3：万能寿险适合哪些人群？

从利率的角度看，万能寿险的利率普遍高于当前市场上的银行理财产品。但是投资万能寿险也未必是稳赚不赔的，适合购买万能寿险的人群可分为三类。

（1）有养老规划的人群。

银行托管的养老基金利率较低，而市场上其他有风险的投资理财方式又不适宜作为养老安排，相比之下，只要能够接受中长期的安排，万能寿险就适合作为养老的选择。

（2）具备一定财力基础并且有资产传承需求的人群。

对于多子女家庭，若考虑百年之后的遗产分配问题，因国内没有立遗嘱的传统，可考虑万能寿险，万能寿险可以设立多个受益人，并且可以对资产分配进行调整。

（3）想依靠保险产品规避风险，又觉得保险产品过于死板、资金领取不便的人群。

部分保险公司规定投保万能寿险满三年或五年后，部分领取不收取手续费。

Q4：投保万能寿险要注意什么？

投保万能寿险需要注意以下两个方面。

（1）家庭中三年内确定要用的资金不适合用来购买万能寿险，主要是考虑到三年内领取需要缴纳手续费，投保万能寿险的资金最好是五年之内都不打算用的。

（2）万能寿险合同中通常会规定保底收益率，各家保险公司的保底收益率不同，而利率的高低在很大程度上反映了保监会对该保险公司的投资信用评级，利率较高的保险公司在保监会获得的投资信用评级较高。

Q5：健康保险按给付方式可分为哪几种？

健康保险按给付方式划分，一般可分为以下三种。

（1）给付型。

保险公司在被保险人患有保险合同约定的疾病或发生合同约定的情况时，按照合同规定向被保险人给付保险金。保险金的数目是确定的，一旦确诊，保险公司按合同所载的保险金额一次性给付保险金。各保险公司的重大疾病保险等就属于给付型。

（2）报销型。

保险公司依照被保险人实际支出的各项医疗费用按保险合同约定的比例报销。住院医疗保险、意外伤害医疗保险等就属于报销型。

（3）津贴型。

保险公司依照被保险人实际住院天数及手术项目赔付保险金。保险金一般按天计算，保险金的总数依住院天数及手术项目的不同而不同。住院医疗补贴保险、住院安心保险等就属于津贴型。

Q6：重疾险的类型有哪些，分别适合哪些人群？

重疾险根据保费是否返还来划分，可分为消费型重疾险和返还型重疾险。

（1）消费型重疾险。

消费型重疾险就是纯消费，不带有储蓄或返还功能，只用来购买风险保障，保费只有在发生理赔时才有价值体现，没有发生理赔所有保费就等于被“消费”掉了。

（2）返还型重疾险。

返还型重疾险就是储蓄型重疾险，需要固定缴费满一定年数，中间不能断，不然退保损失很大。费用较高，缴满之后就可以不再续保，参保人在指定保险期限内可以一直享受保障。

业内人士分析，从保费方面来看，消费型重疾险的保费要便宜很多（将近50%，具体视不同产品、不同年龄而定），即相同的保费，如果买消费型重疾险，保障额度会更高。

而从保障内容上看，消费型重疾险保障范围相对比较窄，责任较小，一般是身故、全残、重疾保障，而返还型重疾险有重疾、轻症、身故、全残、满期金等。

消费型重疾险更适合保费预算少，保障意识高的消费者。对于收入不是很高的工薪阶层或者刚步入社会的青年群体，消费型重疾险也是一个较好的选择。不过，短期消费型险种虽然初期便宜，但买到最后由于年龄的增长，风险系数加大，保费也相应翻番，甚至会出现保费倒挂（累计所缴保费高于保额）的现象。

Q7：如何挑选重疾险？

大多数重疾险产品都包含6种必保重疾，其余则是由保险公司依据保监会的重疾定义规范自由配置，因此在选择时应注意依据个人需求比照疾病保障责任，合理配置适合自己的保障项目。消费者可以从以下几个角度来挑选重疾险。

（1）保障期限。

给成年人买，若经济条件允许，尽量保终身；若预算有限，至少保到60岁，经济宽裕后及时补充终身产品。给孩子买，保到经济独立即可。

（2）保障额度。

保额至少30万元，建议根据家庭实际情况和被保险人在家庭中的经济贡献适当增加。

（3）承保病种。

多当然比少好，但如果预算不足，要在保额和病种范围中抉择，优先确保保额充足。

Q8：意外伤害险和定期寿险有什么区别？

消费者可能会在意外伤害险和定期寿险的选择上遇到困难，其实两者之间还是有较大区别的。

首先，意外伤害险承保由意外伤害而导致的身故，不承保由疾病导致的身故，而这两种因素导致的身故都属于定期寿险的保险责任范围。

其次，意外伤害险承保由意外伤害导致的残疾，并依照不同的残疾程度给付保险金。具体参照《人体损伤程度鉴定标准》《人体损伤致残程度分级》。

最后，意外伤害险一般保险期间较短，多为一年期及一年期以下，而定期寿险一般保险期间较长，可以为五年、十年、二十年甚至更长时间。

Q9：如何选择个人意外险的保额？

消费者可以根据年龄选择意外险保额，一般从以下三个方面着手。

（1）老年人投保意外险。

老年人是意外风险高发的群体，但多数意外险产品考虑到风险成本问题，会把投保年龄控制在60周岁以下甚至更低。因此老年人要重视对未来的意外风险的规避，在未到投保限制年龄以前购买意外险，而且应尽量选择补贴额度高、不限制理赔次数的意外医疗保险产品。

（2）中青年人投保意外险。

中青年人是家庭的经济支柱，而且面临的意外风险相对较大，因此中青年人投保意外险，保障额度应尽量高一些。经常外出的商务人士应投保交通工具意外险，保险期间可以自由选择，其中一年期交通工具意外险保费在100～150元之间，保额在100万元左右。

（3）未成年人投保意外险。

未成年人不具有劳动能力且没有工资收入，因此未成年人的身故保额是按照一个人十年的基本生活标准确定的，多数地区的少儿身故保额不超过5万元，北上广等发达地区保额可设置为10万元。

Q10：如何购买家庭财产保险？

家庭财产是每个人都非常关注的，因为它是我们生活的保障和重要的精神支柱，家庭财产保险出现后深受人们的喜爱。那么，如何购买家庭财产保险才更科学呢？

（1）确定保障范围。

在购买家庭财产保险时，要注意确定保障范围，每款产品都不一样，所保障的范围也不一样，但是大体上都包括房屋、装修以及室内财产的保护，大家可以弹性选择附加险来增加保障，比如可以购买附加险来保障现金、珠宝损失等。

（2）保额选择。

在保额的选择上，不少人都追求多多益善，这种观点其实并不科学，因为在理赔时，保险公司会根据投保者实际损失的价值予以补偿。因此，大家不必盲目追求高保额，要尽量根据家庭财产的实际价值进行合理投保。不同保险公司推出的产品不同，建议大家多方比较，好在互联网的发展和普及可以带给我们无限的信息，让我们在比较后选择保额合适还实惠的产品。

（3）不要重复投保。

虽说购买家庭财产保险是非常重要的，每个家庭都应该积极投保，但是也不要重复购买，即便您在两家保险公司购买了家庭财产保险，真正理赔时，也只有其中一家赔偿。建议大家在投保时，将自家的房屋、装修以及家电、家具等列出，并详细了解赔偿额度，这对于意外发生后理赔将很有帮助。

（4）出险及时报案。

投保人需要记住一点：投保的家庭财产发生事故以后，各家保险公司几乎都有共同的规定。

比如，发生火灾事故，应立即拨打“119”向消防部门报案，同时通知保险公司；发生盗窃事故，应迅速拨打“110”向公安部门报案，同时通知保险公司。

事故发生后投保人应积极抢救，采取有效措施防止灾害事故的扩大，并保护好受损现场。因为家庭财产保险条款中都已列明，发生事故后24小时之内必须通知保险公司，同时被保险人还有抢救财产和保护现场的义务。

Q11：如何购买车险？

事实上，除了交强险之外，常见的车险还有第三者责任险、车损险、座位险、盗抢险等主险，以及自燃险、玻璃险、划痕险、涉水险、不计免赔险等附加险。这些保险究竟该怎么购买呢？

（1）交强险。

交强险是国家强制购买的，当车辆发生事故时，赔付对象是被撞的一方，而且赔付金额是有限的，最高限额为12.2万元。

（2）第三者责任险。

这个险种是对交强险的补充，赔付对象也是被撞的一方。在事故中，如果赔偿金额超出交强险赔付限额，超出部分可由保险公司负责赔偿。

（3）车损险。

车损险与前面两种最大的不同，就是赔付对象是被保险人，也就是自己。当发生意外或由除地震外的自然灾害导致车辆受损时，车损险可以给我们相应的赔偿。

但车损险有很多情况是不保的，比如车辆自燃、玻璃单独破碎、车身划痕，以及车辆浸水且车主再次打火导致发动机损坏等。

（4）座位险。

在遇到事故时，交强险和第三者责任险都不保自己车上的人，因此最好买座位险。座位险是按人数买的，最多可以买车子的额定座位数。如5座车最多可以买5个。如果车子载人的机会少，可以适当减少购买数量。

（5）盗抢险。

顾名思义，盗抢险就是当车子被盗或被抢后，保险公司负责赔偿的险种。车主可根据周围的治安情况评估是否需要购买这一险种。

（6）自燃险。

如果车辆还在质保期内，发生自燃由厂家负责，注意是在没有私自改造原车电路的前提下。如果在质保期内买了自燃险，相当于重复投保了。

（7）玻璃险。

玻璃险也是车损险的附加险，因为车损险不保玻璃单独破碎。如果车子停在有管理、比较安全的地方，这个险可以不买。

（8）划痕险。

如果划伤车漆处没有明显的碰撞痕迹，车损险是不赔付的，这时划痕险就发挥作用了。不过如果车子停在治安、环境较好的地方，这个险可以不买。

（9）涉水险。

这是针对发动机的一个附加险。如果车辆浸水且车主再次打火导致发动机损伤，此时车损险不赔，但涉水险可以赔。

（10）不计免赔险。

前面说的赔偿都是不能全额赔偿的，如果有不计免赔险，在发生意外时，能把本应由自己承担的5%～20%的赔偿责任转嫁给保险公司。

综上所述，购买车险的最低价格方案便是“交强险+第三者责任险”，而最基本的则是“交强险+第三者责任险+车损险”。至于其他的附加险，可以根据自身的具体情况而定。

投保指南

一、年入25万元的家庭如何规划保险

【投保背景】

钱先生，35岁，某公司高管，月收入15000元。由于工作压力大，竞争激烈，导致经常加班，不能正常用餐。钱太太，32岁，大学教师，月收入6000元，有哮喘。儿子小瑞，8岁，正在读小学，18岁后打算出国留学。

钱先生一家住在郊区，离工作单位较远，每月房贷3000元。现持有有价证券、基金等价值3万元，活期存款5万元。无车，计划购买。家庭月支出总计10800元，盈余10200元。

【投保分析及建议】

（1）钱先生。

①钱先生是公司的职员，在平常的工作中应该有些应酬，会不可避免地喝酒和抽烟。同时，他从事的工作压力大，竞争激烈，导致经常加班，不能正常用餐。因此，钱先生可能面临较大的健康风险，尤其是患上肝病、心血管病和肺病等重大疾病的风险较大。因此，建议他买一份重大疾病险。

②另外，钱先生是这个家庭主要的收入来源，因此应该买一份与其收入状况相匹配的两全保险。

（2）钱太太。

钱太太是教师，可以享受公费医疗，不必上健康险，但可以补充

一些意外伤害险。

（3）小瑞。

①小瑞现在已经8岁了，基本上是自己一个人上下学，所以应该为孩子买份意外伤害险。

②既然打算在孩子18岁后送他出国留学，就应该为孩子买份教育保险。

（4）家庭。

要为全家人提供综合保障，最好购买一份家庭综合保险，这份保险提供门诊与住院医疗保障，另有意外住院收入补偿，一份保单保全家。

二、年入40万元的家庭如何规划保险

【投保背景】

37岁的利先生和34岁的利太太都是一家外资企业的高级主管，家庭年收入在40万元左右，儿子今年9岁。购有一套120平方米的住房，还有7万元贷款未还。目前，夫妇俩有购车想法，看好了一辆30万元的车。利先生刚刚开始读MBA，每年学费要10万元以上。现在投入股市的资金约为15万元。有存款28万元，每月补贴双方父母约3000元，每月还贷加家庭开销在5000元左右，孩子教育费用一年在1万元左右，夫妇俩想在孩子上大学后换一套更大的复式住宅，接双方父母一起住。

【投保需求】

增加家庭的保障。

【投保分析】

就收入看，利先生夫妇的家庭收入颇高，但目前的投资状况存在一定的问题。比如虽然盈利能力较高、家庭收入稳定，但他们人近中

年，孩子正在上学。夫妇俩是家庭收入的主要来源，一旦出现风险，将对孩子的大学教育及正常的家庭生活造成影响。

【投保建议】

夫妇俩都应该购买保险，在保障方面除定期寿险、健康险、意外险外，还可考虑失业保险。同时，可为双方父母投保医疗保险，为孩子投保意外伤害险。

需要注意的是，由于孩子、老人的保险费率较高，在家庭主要收入得到保证的情况下，不必将大量的资金用于投保小孩或老人。根据利先生家庭的收入情况看，一家的保费支出可以在30000元左右。

三、年收入超过百万元的家庭如何规划保险

【投保背景】

38岁的程先生是一家私营企业的高管，年收入超过百万元。获得高收益自然也需要付出超出常人的努力，他经常要到世界各地出差，一年中几乎有半年的时间都在世界各地奔波，家中的大小事情都由妻子来处理。

程太太今年35岁，几年前辞职做全职太太。儿子今年已经6岁了，但夫妻俩考虑到未来独生子女的压力大，明年计划再生第二个宝宝。

【投保需求】

如何选择一款合适的医疗保险，成了程先生最近常常考虑的问题。

（1）由于程先生经常出差，难免会有身体不适的时候，如果是在国外，去医院看病就成为一个难题。

（2）明年夫妇俩计划再生一个宝宝，妻子作为高龄产妇，少不

了要和医院打交道。而且，最近儿子生病，三番五次地带儿子看病跑医院，也让他头疼不已。

因此，程先生希望能选择一款医疗保险，不但能解决自己出差在外看病的问题，还能为自己和家人提供更好的就诊服务和医疗保障。

【投保分析】

像程先生这样的家庭，除了有基本的社会医疗保障外，随着家庭财富的积累，会希望拥有更高品质、更能满足个性化需求的医疗保障。

程先生工作繁忙，经常出差在国外，他需要选择一款能覆盖全球的高端医疗保险；同时，考虑到太太和孩子的实际医疗需求，他选择的高端医疗保险必须含有更优质的医疗服务功能。此类高端医疗保险无论是在保障范围，还是在就医网络、增值服务上，都要优于普通的医疗保险产品。当然，此类保险的保费也相对较高。

【投保建议】

（1）提供全球医疗计划。

目前市场上的高端医疗保险产品一般都提供全球医疗计划，若程先生选择该计划，生病时就可在全球各地的指定医疗机构就诊并获得相应的费用补偿。而且，在指定医疗机构就医时，还可享受医疗费用直接结算等服务，避免了后期费用报销的烦琐手续。此外，如果程先生在海外就医时，需要家人前往陪同的话，那相关的交通和住宿费用都可以通过全球医疗计划来报销。

（2）解除就医限制。

无论是社保还是普通的医疗险，对于所使用的医疗手段、用药名录、就诊医院等都有比较严格的限制，超出范围的医疗费用不属于承保的范围。而高端医疗保险则无须面对这些限制，特需门诊、私人病房、进口药品、进口医疗器材等的就诊费用，以及体检、牙科等传统非医疗保障项目都在保障范围之内。此外，高端医疗保险的可投保额度也比较高，可为程先生一家提供更全面的医疗保障。

（3）投保孕产险。

程先生家明年有“增人计划”，程太太作为高龄产妇，各项孕产检查是必不可少的。因此，在选择医疗保险产品时，程先生也要考虑为妻子增加孕产保障的内容。普通的商业医疗保险通常都无法承保孕产保障项目，而投保高端医疗保险则可解决这个问题。

高端医疗保险中为女性提供的孕产保障，除了可覆盖产前检查和分娩所需的各项标准费用之外，还可承保产后检查和并发症治疗的费用，从而为整个孕产过程提供有效保障。

（4）享受高品质服务。

对于程先生这样相对富裕的家庭来说，除了满足基本的医疗保障需求外，寻求高品质的医疗服务也是其选择医疗保险时要考虑的重要方面。投保高端医疗保险，除了可以享受医疗费用直接结算等便捷服务外，其合作医疗机构在就医环境、医疗服务和私密性保护等方面也更具有优势。

所以，根据程先生的情况，投保高端医疗保险能更好地满足其目前的医疗保障需求。与此同时，程先生也可以考虑如子女教育、人寿保障、退休养老等保障需求，尽快建立起相应的保险理财计划，以保证家庭生活长期稳健地安全运行。

第四章 | 合理规划保险

保险箴言

购买保险是对子女的爱

保持家庭经济稳定，为孩子提供有力的保护，是为人父母的责任和义务，应尽早购买保险，利用保险的投资功能为孩子的成长与未来做一个良好的规划。父母不可能陪伴孩子一生一世，但保险却可将父母的爱延续下去。

要点解析

一、儿童的保险规划

少儿身体机能发育不完善，抵御疾病侵蚀的能力较弱，患大病的风险较大；且少儿生性好动，自我保护意识较差；另外，日益增长的教育费用也成为家庭所面临的一笔不小的开支。对此，越来越多的家长通过保险储蓄教育金。为孩子购买保险十分必要，不仅可以缓解意外发生时的经济压力，也可为将来提供一定的经济保障。

儿童险大致可分为保障型、储蓄型和投资型，进一步又可细分为意外险、健康医疗险、教育储蓄险、投资理财险等，如下图所示。

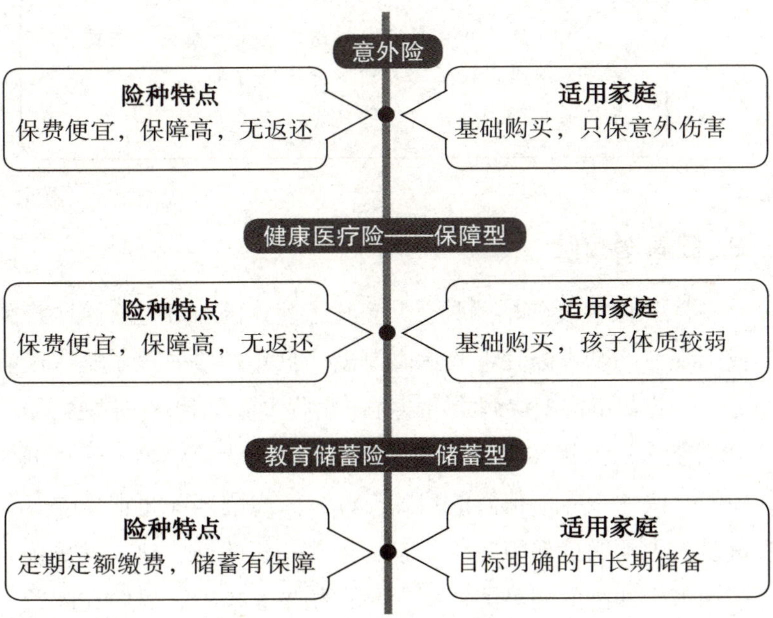

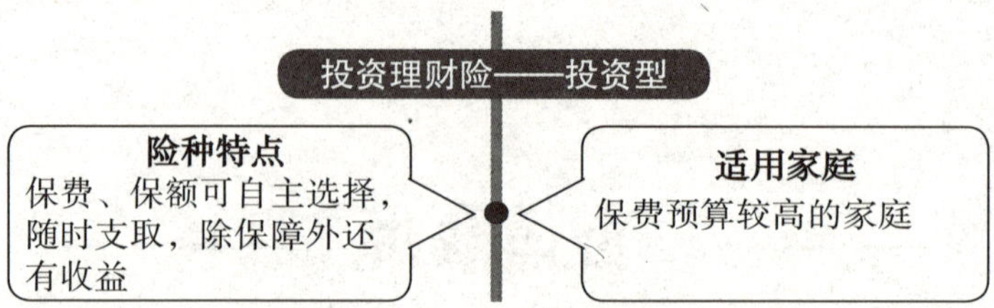

儿童险的主要类型

1. 意外险

意外险是儿童保障的首选险种，主要针对18岁以下的孩子，这一险种多数保险公司都有，一年只需要缴纳几百元保费，可以将此作为基础险种购买。

如果存在男孩子爱踢球、孩子平时骑自行车上学而且路上来往车辆较多等情况，可以加大意外险的保额，也可以根据孩子平时的生活习惯选择交通意外险或者运动保障险。

保险贴士

购买保险时需要注意保险责任是否重叠。例如教育储蓄险可以覆盖意外险和健康医疗险，但这三种产品可能是交叉的，也可能是完全独立的。

2. 健康医疗险

健康医疗险主要包括两种：儿童重大疾病险、儿童住院医疗险。根据我国现在的基本医疗保险保障制度，低年龄段的孩子基本没有医疗保障，因此儿童重大疾病险可以在一定程度上弥补这一缺憾。

消费者可以选择短期或长期消费型儿童重大疾病险，通过低保费高保障的方式达到专一保障的目的。此外，按需匹配也很重要。父母在投保前首先要明确保障需求，家庭条件一般的话，建议父母优先考虑一些涵盖少儿高发病种的基础保障；如果有需要，可以在配置一份普通的儿童重大疾病险的基础上，额外追加一份专项儿童重大疾病险。

保险贴士

儿童重大疾病险投保年龄越小保费越便宜。

3. 教育储蓄险

教育储蓄险主要解决孩子将来的学费问题。值得一提的是，父母在为孩子购买教育储蓄险时是可豁免保费的，假若孩子父母发生意外，就不需要再缴纳保费，孩子仍可以得到一份生活保障。

相比储蓄等单纯的投资渠道，购买教育储蓄险多了一层保障，且可以在一定程度上合理避税。这种保险既有储蓄的性质，也有保障的性质，但给孩子买保险应先重保障，再重教育。

4. 投资理财险

投资理财险是一种集储蓄、保障以及投资于一身的新险种，可以解决孩子的高等教育、创业、养老等大宗花费问题。被被保险人在享受保障的同时还可以获取收益，适用于经济实力雄厚，且想给孩子提供长期保障的家庭。面对市场上纷繁复杂的保险险种和保险条款，消费者要合理规划、谨慎投资，选择适合自己家庭的保险。

相关链接

为孩子购买保险的原则

随着保险的普及，给孩子购买保险正逐渐成为一种时尚。很多时候，父母并不清楚怎么样给孩子买保险才能真正发挥保险的作用。一般来说，给孩子购买保险应遵循以下四条原则。

1. 先大人后孩子

一般来说，父母为孩子买保险的最终目的，是为孩子增加一份保障。但是，谁也不能否认，父母才是孩子最基本、最重要的保障。孩子出险，仅从经济角度考虑，即使没有保险父母也尚可抵御；而一旦父母在没有保险的情况下出险，孩子基本没有抵御能力。所以，买保险的正确顺序应该是先大人后孩子，这才是真正对孩子负责的一种做法。

父母最好的做法是在给孩子买保险之前，先给自己买足意外险、健康险和寿险等，并将身故受益人指定为孩子。即便不愿意给自己买，也一定要在孩子的保险中购买豁免附加险。这样当父母遇到不测时，孩子的生活和教育才不会受到影响，也不用为保险费发愁。

2. 先保障后教育

给孩子买保险应先考虑孩子的成长与健康，投资与分红并不是主要的目的。在少年儿童时期，孩子的身体机能发育不完善，抵御疾病侵蚀的能力较弱，所以孩子患病尤其是患重大疾病的风险较大。另外，他们生性好动，自我保护意识和能力较差，因而意外发生率和死亡率也比较高。

给孩子买保险的最佳顺序是意外险、医疗险、重大疾病险。在这些保险都齐全的基础之上，再考虑购买教育金或分红、投资类保险。如果执意先买教育金，也一定要买对应的附加险，如附加少儿重大疾病保险、医疗保险等。

3. 保险期限适中

给孩子买保险并不是保的期限越长越好。有条件的家庭给孩子买保险期限较长的重大疾病保险、快速返还型保险还是比较合适的，可以充分利用孩子的年龄优势获得更好的回报。对于条件有限的家庭来说，建议保险期限选择到25周岁左右，或者差不多到孩子大学毕业的年龄就可以了，以后的保障让孩子自己规划。相对困难的家庭，可以暂时只考虑一年期的意外险、医疗险等。

4. 投保额度合理

给孩子买保险并不是多多益善，除了要根据自身的经济条件确定合理的缴费金额外，还要考虑未成年人投保的限制。比如，为防范道德风险，保监会特别规定未成年人身故保险金（航空意外身故除外）最高限额为10万元，即使通过在几家保险公司分开买的方式增加身故保险金，也会因为超出限额和未履行如实告知义务而被拒赔。

二、年轻人的保险规划

年轻人正处于事业起步期，面临的压力、风险在加大。由于不少年轻人处于“月光”的边缘，风险保障不够将给未来的生活带来隐患，因此需尽早做好保险规划。

1. 年龄阶段特点

对于年轻人来说，其年龄阶段特点可以从以下三个方面来分析。

（1）家庭状况。

大多未婚，没有子女需要赡养。但是父母大部分已经步入中老年阶段，退休或者不再承担主要经济压力。

（2）经济状况。

刚刚参加工作，年收入并不高，有的有积蓄但不多，有的甚至还要“啃老”。

（3）健康状况。

大部分人的健康状况比较好，但是随着工作时间变长和压力增大，也面临着越来越差的风险。

2. 面临的风险缺口

根据以上的特点，这个年龄段面临的风险缺口如下。

（1）个人由于意外而残疾。

很多朋友想到自己年轻，无儿无女无房贷，有个意外也不怕。但是他们忽略了，其实人生最致命的风险是残疾。不仅自身丧失了工作能力，同时还要额外支付营养费、治疗费和护工费等。

（2）意外伤害身故或者疾病身故。

考虑这一点，主要是为了父母。因为这个年龄段的人的父母年纪已经很大，子女即将要尽赡养义务。如果不幸身故，不仅会留给父母精神上的不可磨灭的创伤，而且会使父母将面临无人赡养的风险。

（3）重大疾病带来的高额治疗费用。

在人们的传统意识里，癌症是一种“老年病”。但事实上，癌症不只是侵蚀老年人，其在不经意间已悄悄地靠近了年轻人。重疾年轻化也不是什么新鲜话题了。对年轻人来说，一旦罹患重疾，仅靠社保是不足以支付高昂的医疗费、护理费和营养费的。

3. 险种的选择

年轻人在险种的选择上要分清轻重缓急，可以先选择意外险、健康险，在手头宽裕的情况下，再选择寿险。随着年龄和收入的增长，逐渐建立起由寿险、意外险和健康险共同构成的全面保障的“金三角”。

（1）意外险。

意外险保费低廉，经济实惠，是刚刚参加工作的年轻人的最佳选择。年轻人购买意外险要注意下图所示的几点。

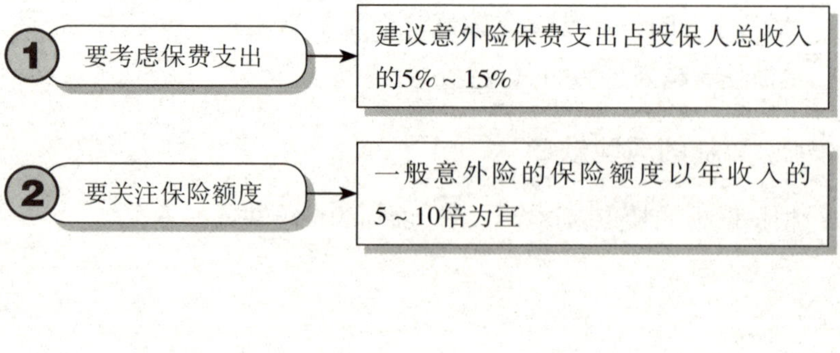

3 要明确保障内容 → 保障内容必须包含意外身故、意外医疗保障

4 搭配好意外医疗保险和住院津贴保险 → 可以弥补医保的不足和获得误工补贴

年轻人购买意外险应注意的要点

（2）健康险。

年轻人要趁早为自己的身体健康做足保障，因为年纪越轻，越早买重疾险，缴纳的保费相对就越低。

年轻人在购买医疗重疾险时保额不宜太高也不能过低，保额在10万～20万元比较合适。当然，也可以根据经济收入情况调整保额。

此外，如果有多种缴费方式供投保者选择，年轻人可以选择尽量长的缴费年限，尽量降低年付保费金额，以便合理控制现金流。

（3）寿险。

对于收入不高的年轻人来说，不妨以物美价廉的定期寿险为主，某些定期寿险年缴保费仅几百元。在今后收入增加时，也可将定期寿险转换为终身寿险。若经济条件许可，可购买一份终身寿险，并附加定期寿险，在缴费期提高基本保额。此外，年轻人在购买寿险产品时，投保周期越长越好，通常以三十年为宜。

保险贴士

意外险、健康险可以减轻意外或疾病的发生对家庭财务造成的压力，寿险不仅能提供生命保障，还可以进行稳健的教育、养老规划，投保人不会因投资不当而造成损失。

相关链接

年轻人购买保险的误区

误区一：意外太偶然轮不到自己

有些年轻人认为，每年花几百元钱购买意外险太不划算，世界这么大，哪有那么多的意外发生，即使有意外发生也不一定轮到自己。其实，这是侥幸心理在作怪。意外是突如其来的客观事故，它是不以个人的意志为转移的，它什么时候光顾、光顾到谁的头上，谁也说不准。

正是因为意外事故发生的概率及其所具有的不确定性较高，我们才更应购买意外险。保险是分摊意外事故损失的一种财务安排，它具有“一人为众、众为一人”的互助特性。意外事故的发生会给人们带来各种各样的困难，如果投保了一定保额的意外险，那么这份保障可以使受难者及其家属在经济上得到相当程度的援助。

误区二：社会保险足够用了

社会保险是广覆盖、需要个人负担一定比例的保险。社会保险中医疗保险的自费部分需要用商业医疗保险进行必要的补充；如果购买住院补贴类商业医疗保险，可用一定金额的住院补贴来弥补社会保险中医疗保险费用报销的不足部分。一般重大疾病的治疗费用少则几万元、多达几十万元，而社会保险中医疗保险在统筹基金的应用上通常规定了最高支付限额，在药品的应用等方面也有一定的限制。目前不少保险公司推出的重大疾病保险都是确诊即给付保险金，让被保险人在不幸患上重大疾病时可以得到一笔可观的医疗费用作为救命资金。

误区三：现在还年轻，不用急

不少年轻人认为自己身强体壮、抵抗力强，患大病是老年人的事。这种想法显然有些偏激。年轻不等于不得病，现代社会在充满机遇的同时，也给年轻人带来了巨大的挑战和压力。有些年轻人在专心工作时忘了缓解脑力疲劳；有些年轻人在繁忙的工作之余养成了不良的生活习惯，如暴饮暴食、嗜烟酗酒等，这些都会直接造成神经内分泌功能紊乱、新陈代谢功能下降及自身免疫功能下降，从而减低机体抵御癌细胞生长繁殖的能力。

有资料显示，我国约有70%的人呈亚健康状态，从事研究工作的脑力劳动者是最易进入亚健康状态的人群之一。年轻人在承受工作压力的同时，尽早地购买一份适合自己的疾病医疗类商业保险无疑是明智之举，因为年纪越轻费率越低，越早拥有保障。

误区四：得了大病治不好，没意思

就现有的医疗技术水平来说，有些重大疾病确实还不能根治，但是有效、积极的治疗可以延续患者的生命。以癌症为例，早发现早治疗可降低1/3的死亡率。况且，每一个患者都有一种求生的本能，每一个患者的家人都不会见死不救，有了重大疾病险的保障，风险将由保险公司承担，家人不必再为筹措治病的资金去动用银行存款或去借债。从某种程度上说，保险就是让自己得到一次重获健康的机会。

误区五：买保险不如投资挣钱

有些年轻人喜欢激进的投资方式，只要是现金投资总喜欢和收益率挂钩。可是保险的优势不在于投资收益率的高低，而在于它的保障功能。它好比理财金字塔的地基，年轻人只有为自己准备好充足的保障，才可能一一实现其他的理财计划；如果没有打好这个地基，所有的风险投资都将是空中阁楼，一旦坍塌，后果将不堪设想。只要每年缴纳的保费是在合理的收入比例范围内，它对您的整体投资计划是不会有什么影响的。相反，它还能为风险投资保驾护航。在风险投资失败的时候，您完全有能力跌倒了再爬起。

三、中年人的保险规划

被保险人柳先生是一名广告牌安装工人，2015年8月2日，柳先生在安装广告牌时，脚下的踏板突然滑落，柳先生和其他2名安装工人从10米高处快速坠下，一场飞来的横祸就这样降临了。在发生意外的3名工人中，柳先生伤势最重，最后因重型颅脑损伤和失血性休克抢救无效身故。被保险人柳先生是家中的顶梁柱，这场意外让这个家庭顿时陷入困境。

保险公司获知这一情况后，立刻安排理赔人员进行快速理赔，为其家人送去赔偿金。

“上有老，下有小”，简简单单的六个字，是中年人最好的写照。面对来自事业与家庭的双重责任与压力，面对健康日益走下坡路的双亲和正处于教育关键时期的孩子，中年人直言“绝不能倒下”，一旦自己患上疾病或遭遇意外，家庭必会受到重创。那么，对于中年群体而言，又该如何进行保险配置呢？

1. 人到中年不能忽视投保

从规避风险与节省费用的角度讲，保险当然越早买越好，不仅能给投保人更长的保障期，而且因为投保人年轻体健所以费用也相对低廉，容易被保险公司受理。然而，一些人由于种种原因早年没有买保险，等到45岁以后，在价格相对较贵特别是一些险种面临保费倒挂的情况下，还要不要买保险成为一个难以抉择的问题。

有人从乐观预估未来的角度出发选择不买保险，也有人在买与不买之间犹豫不决。若从规避家庭风险的角度讲，中年伊始买保险可以说是亡羊而补牢，未为迟也。

如果投保人身体情况允许，保险公司受理，就应该尽可能买更多的保险，因为从经济角度看，买了保险没有出险，您损失的最多是有限的利息；而不买保险，如果出现严重疾病，很可能因病致贫，使家庭经济情况一落千丈。

那么，在选择投保的情况下，又该如何挑选合适的险种，这就需要投保人多加考虑了。一般而言，在购买险种时应当是以意外险、重疾险为首选，在前两项满足的情况下，可以补充一些医疗险、护理险及养老险。

保险贴士

在保障内容上，各公司的侧重点不同，故而其对不同病种的保障有一些差异，投保人需要根据个人情况进行选择。

2. 购买的重疾险要适合自己

在竞争激烈的当今社会中，高压力与亚健康似乎成为多数上班族的生存状态。不健康的饮食习惯、不规律的生活作息，皆使重大疾病的发病率逐年上升并呈年轻化趋势。中年人在购买重疾险时不要盲目，应仔细分析保险事项，选择合适自己的重疾险。

中年人在投保重疾险时，应注意以下六个要点。

（1）在购买保险前要弄清合同中规定的重大疾病的定义。在做购买决定前，一定要认真研读条款，有疑问应及时咨询保险公司、代理人或相关专业人士。只有在认同合同的前提下才能签字，以有效避免事后纠纷的发生。

（2）重疾险与其他医疗保险类似，都有一个等待期。一般这个等待期为90天或180天，还有的是360天。不同的产品，不同的保险公司，规定会略有差异。

（3）投保人在购买前应详细比较不同保险公司的条款。

（4）对于一些平日里所患的疾病应如实告知保险公司，否则在理赔时有可能会产生麻烦。主动向保险公司告知既往病史，能够有效避免日后理赔纠纷的发生。

（5）在投保前有必要考虑自己的身体状况和家族病史，选择到对您最关心的几种疾病都提供保障的公司投保。

（6）投保病种并非愈多愈好。因为重疾险的保险费是保险精算师按照该险所含各种疾病的发病比率等各种指标综合计算得出的，保障的病种越多，保费自然就越高。

3. 循序渐进做足保险保障

对于中年人来说，选择保额多大的保险，才能提供足够的保障呢？

业界人士普遍认为，由于重疾险的种类很多，有消费型、保费返还型、保额递增返还型、多重保障返还型等，故每种类型的价格肯定存在区别。所以，每个投保人应根据自身工作性质、风险高低、收入水平等方面进行综合考虑。但最重要的一个观念，是可以分阶段进行购买。保险不是一朝买了就一劳永逸，而是要随着不同的人生阶段和风险变化进行调整。

比如，对于每月收入在5000元左右的单身人士而言，想拥有一份高额的重疾保障，可以选择分阶段购买，即在35岁以前，以消费型重疾险为主；从36岁开始，随着收入增加，事业稳步提升，建议选择返还保费的重疾产品，保障到终身，如果保障期内没有发生理赔，则会返还所有保费且有一定的分红，可以用于养老，两全其美。

此外，对于多数投保人而言，相比一次性缴清保费，选择分期缴费压力会小很多，而且考虑到通货膨胀和收入实力增强等因素，期缴形式更经济。同时，重疾险的等待期一般为投保后的90天或180天，等待期过后保障就开始生效，如果在等待期内不幸罹患重疾，则缴费可以停止，且可以获得保险赔偿。这时，投保人付出的总保费也会比一次缴清要少。所以长期缴费对投保人来说是有利的，非特殊原因不建议投保人选择趸交。因为重疾险的本质就是罹患重疾时“四两拨千斤”，转移重大的经济风险，如果不罹患重疾则可看成本金零存整取的积累过程。

四、老年人的保险规划

目前市场上针对老年人的险种很少，投保限制多，且保费普遍较高。50岁以上的中老年人可能无法投保重疾险，即便可以购买也可能出现保费倒挂现象。因此，老年人的保险规划主要从意外险和医疗险这两个方面考虑。

1. 意外险

毕竟老年人年纪大了，生理机能退化，遭受意外伤害的概率远高于其他群体，一旦出事大多数情况下都是大事故。

意外险对健康状况要求低，保费低、人身保障高，65岁以前投保，与年轻人的费率是一样的。目前市场上有一些专门针对老年人的意外险，不需要体检，最高承保年龄可达到80岁。

老年人在购买意外险的时候要注意以下事项。

（1）分清意外险类别，意外险包括意外伤害险和意外医疗险，两者赔付时差别很大。具体如下图所示。

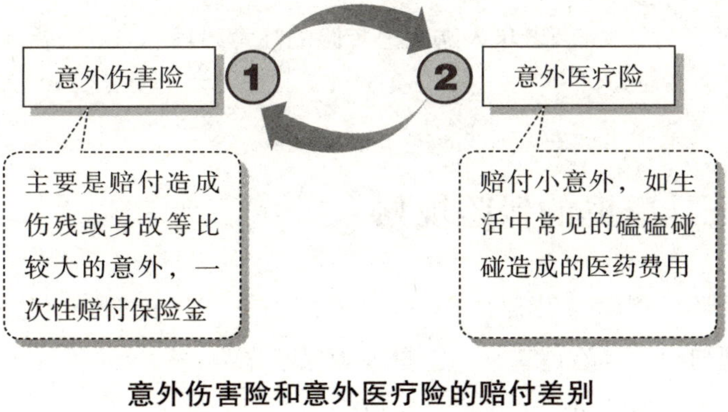

意外伤害险和意外医疗险的赔付差别

（2）保额建议在10万元起。

（3）弄清楚保险公司是否承保老年人高发的意外事故（如骨折）。

（4）警惕限制条款，看清楚哪些意外事故不在承保范围之内。

2. 医疗险

老年人常见的疾病包括高血压、糖尿病、颈椎病、骨质疏松、心梗等，这些病基本上都不容易根治，需要经常住院检查，这样一来，医疗保健费用要占老人每月支出的很大一部分。

市场上较为常见的医疗险都是短期险种，每年续保一次，费用比较低。医疗险的投保年龄上限一般是60岁，部分可续保到80岁。

老年人购买医疗险时要注意下图所示的事项。

1. 查看保险中是否含有“保证续保”的条款，确认不会因为一次理赔影响之后的续保
2. 将既往病史如实告知保险公司，有些保险产品是免体检的，在投保时忽略告知保险公司很可能会在将来引发理赔纠纷
3. 最好是包含住院津贴，可以每天以固定金额对住院治疗期间的损失进行补偿

老年人购买医疗险的注意事项

五、家庭的保险规划

保险的保障对象除了企业与个人，还有千千万万的家庭。在家庭财务规划中，保险是基础。这是因为保险作为一种风险管理工具，可以防范不确定性风险的发生给家庭带来的财务冲击。保险是每个家庭必不可少的理财工具之一，是家庭长期可持续发展的一项重要保证。

1. 家庭保险规划的作用

家庭保险规划的作用体现在下图所示的几个方面。

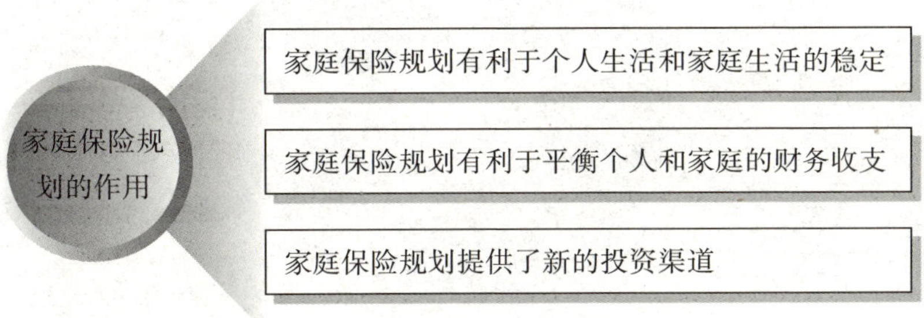

家庭保险规划的作用

图示说明：

（1）自然灾害、意外事故的威胁是每个家庭都难以承受的，做好家庭保险规划可以针对个人和家庭提供对应的保障，使个人生活和家庭生活更加稳定。

（2）家庭保险中的人寿保险具有“强制”储蓄的味道，相比于资金易被挪用的个人储蓄，人寿保险是更好的储备养老金的方式，其对于平衡个人与家庭的财务收支功不可没。

（3）以家庭保险中的人寿保险为例，它可以顺利实现家庭财产的转移，也不失为一种好的投资渠道。

2. 家庭保险规划的定律

家庭保险规划是一个家庭正常运转的重要保障，它的保障范围可以覆盖到家庭中的每一个成员。在日常生活中，一份切中要害的家庭保险规划能为整个家庭免去不少麻烦，家庭成员也能从中收获快乐和自信。那么，家庭保险该如何规划呢？可参看下页图所示的定律。

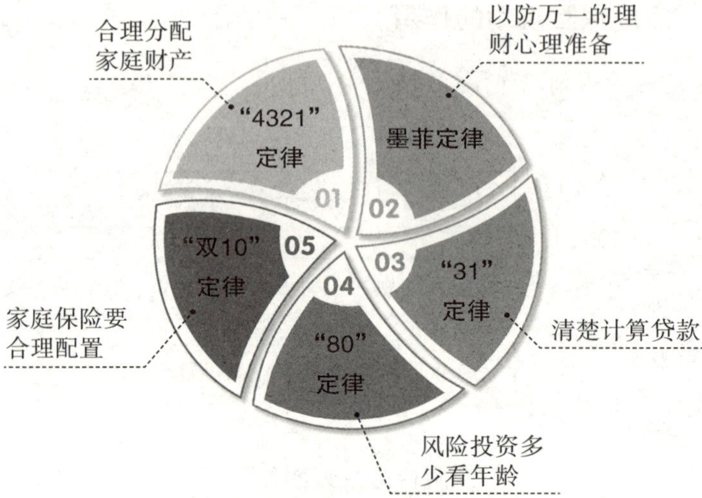

家庭保险规划的定律

（1）“4321”定律——合理分配家庭财产。

“4321”定律的宗旨是合理分配财产资源，管理控制风险，让损失降到最低。家庭财产中的40%可以用作保本升值金（养老金、子女教育金、分红险）；30%的钱可投资于基金、房产等，享受“钱生钱”的乐趣；20%的钱用来“保命”，生活中的意外无处不在，意外险、重疾险是必备的；10%的钱用来实现风险转移、日常开支。如何做保险规划？按照前面的提示，制定如下图所示的规划。

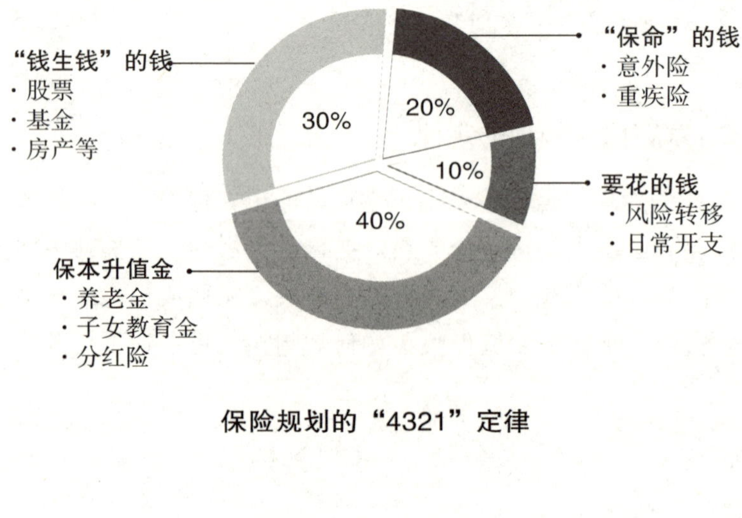

保险规划的“4321”定律

（2）墨菲定律——以防万一的理财心理准备。

天有不测风云，许多事情是我们常人不可能预料到的。事情如果有变坏的可能，不管这种可能性有多小，它总会发生。买保险就是买的一个心安，保险虽然不能改变我们的生活，但是能够防止我们的生活被改变。

（3）“31”定律——清楚计算贷款。

“31”定律是指每个月房贷、车贷等不超过家庭月收入的1/3。同时为保障家庭资产，要针对贷款做相应的保险规划，买一份与房贷等额的保险。

（4）“80”定律——风险投资多少看年龄。

“80”定律就是投资额=（80−你的年龄）×1%。

其中，年龄与投资额成反比，年龄越大就越不划算。因为随着年龄的增长，抗风险能力降低，风险投资比例也会逐渐降低。保险作为长期的理财工具，所占比例应逐渐提高。

（5）“双10”定律——家庭保险要合理配置。

“双10”定律是指保障额度是家庭年收入的10倍，保费是家庭年收入的10%。如下图所示。

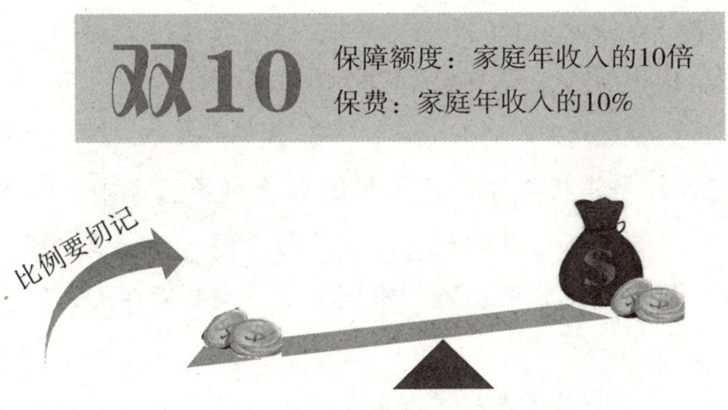

10%的收入，获得10倍收入的保险！

家庭保险规划的“双10”定律

3. 家庭保险规划的原则

如果家庭没有相应的保险，人们心里就会不踏实，但是保险也不是越多越好。虽然保险多，保障也多，但投保是需要成本的，家庭投保的根本原则是以尽可能小的代价获得较全面的保障。具体如下图所示。

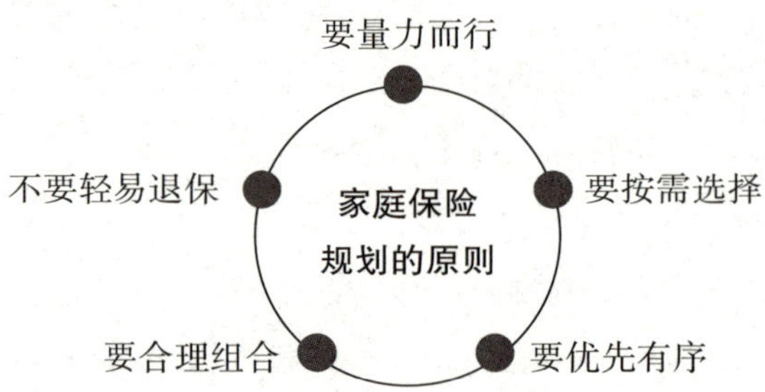

家庭保险规划的原则

（1）要量力而行。

量力而行是指购买保险的投入必须与家庭的经济状况相匹配。首先，您必须了解自己家庭的收入水平，并预估未来的收入能力，计算出收支结余。在此基础上，再算出可用来购买保险的资金，专家推荐保险支出最好占收支结余的10%～30%。这样，才能确保您不会无力支付，也不会出现保险投资比率不足的情况。

（2）要按需选择。

按需选择是指根据家庭所面临的风险种类选择相应的险种。因为针对家庭和个人的商业险种非常多，并不是每种都适合您的家庭。您必须识别家庭所面临的风险，根据风险种类和发生的可能性来选择险种。

比如，在某个家庭中男主人是主要收入者，是家庭的经济支柱，而且从事危险程度较高的工作，那这个家庭首先要买的就应该是针对男主人的生命和身体的保险。

（3）要优先有序。

优先有序是指要重视高额损失，自留低额损失。确定保险需求需从下图所示的两个方面考虑。

确定保险需求应考虑的因素

损害大、频率高的损害优先考虑投保。对自己家庭能承受得了的损失，一般不用投保。而且保险都有一个免赔额，低于免赔额的损失保险公司是不会赔偿的，所以，应该放弃投保低于免赔额的损失。

（4）要合理组合。

合理组合是指对保险项目进行科学组合，并注意利用附加险。许多险种除了主险外，还带了各种附加险。在购买了主险后，有需要的话可购买其附加险。这样做的好处如下图所示。

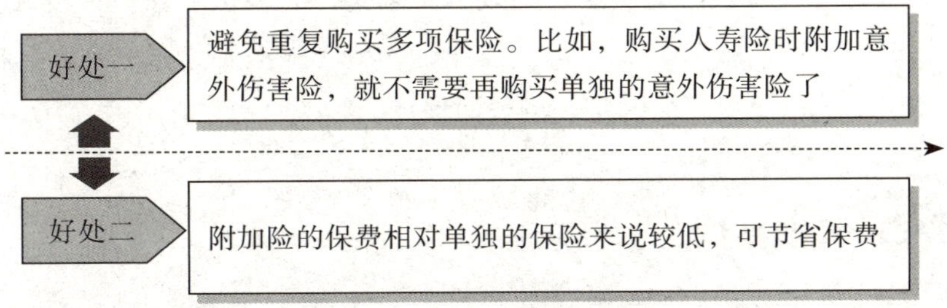

对保险进行合理组合的好处

保险贴士

综合考虑各保险项目的合理组合，既可得到全面保障，又可有效利用资金。

（5）不要轻易退保。

退保后将遭受几重损失：一是没有了保障；二是退保时往往拿回的钱少，会有损失；三是如果以后要重新投保，就要按新年龄计算保费，年龄越大，保费越高，且同时还需考虑身体状况，有时还要加费处理。

如果实在需要用钱，有两种方法可以减少损失，如下图所示。

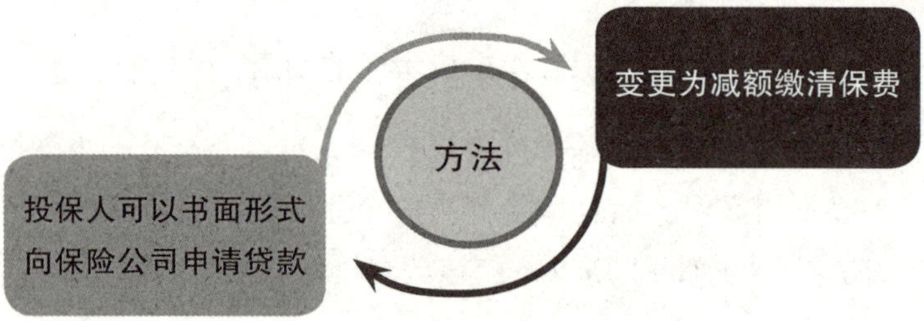

解决缴纳保费困难的方法

按照一般规定，投保人未能在保费到期日后六十天之内缴纳保险费，保险合同效力将中止，保险公司暂不承担保险责任，但投保人仍有两年的时间可以申请恢复合同效力。因此，经济状况好转时还可以申请保单复效。复效的保单仍以投保时的费率为基础计算保费，与重新投保相比，保费不会因年龄增长而增加。

经典案例

重复投保，保险公司拒赔

【案例背景】

2017年5月，原告赵某（在校学生）之母在被告A人寿保险公司为原告购买学生平安保险一份（附加意外伤害医疗保险）；2017年7月，原告因学校统一组织在B人寿保险公司购买了相同类型的保险，保险期限均为一年。

2018年1月，原告因发生交通事故而受伤，共花去医疗费1313.90元。2018年3月，原告持医疗费发票原件到B人寿保险公司进行了理赔。后原告持医疗费发票复印件及病历原件到被告A人寿保险公司要求理赔，被告却以必须持医疗费发票原件方可办理理赔手续为由不予理赔。其理由有二：

第一，原告投保的学生平安保险中附加的意外伤害医疗保险是一种财产性质的保险，适用于损失补偿原则理赔，原告在已经获得B人寿保险公司赔付的情况下，不能重复理赔。

第二，原告应提供医疗费发票原件。这主要是为了确认原告的损失是否已获得赔偿，并对重复理赔行为加以控制。原告因交通事故受伤而支付的医疗费已经获得赔偿，并且不能提供医疗费发票原件，因而被告有权拒绝赔付。被告同时提供了原告投保的附加意外伤害医疗保险合同，合同中约定，被保险人要求理赔时需提供医疗费等相关资料原件。

法院认定，关于第一点，认定原告所投保险为人身保险。《保险法》将保险合同分为财产保险和人身保险两大类，人身保险是以人的寿命和身体为保险标的的保险。原告在被告处投保的学生平安保险，是对被保险人因疾病或遭受意外伤害而死亡或身体残疾，由保险人按约定给付保险金的保险，属于人身保险；其附加的意外伤害医疗保险，是以被保险人身体因遭受意外伤害需要治疗为给付保险金条件的保险，其性质亦属人身保险。

《保险法》明确规定："人身保险业务，包括人寿保险、健康保险、意外伤害保险等保险业务。"该条款非常明确地将意外伤害保险划分在人身保险中，因此，被告将意外伤害医疗保险归属于财产保险的观点，并无法律上的依据。从而，被告应当按照《中华人民共和国保险法》中关于人身保险合同的赔付原则支付保险金，而不是按财产保险合同的损失补偿原则理赔。

关于第二点，根据《保险法》第二十二条规定，保险事故发生后，被保险人申请理赔，应当向保险人提供其所能提供的“与确认保险事故的性质、原因、损失程度等有关的证明和资料”，并未要求必须提供相关资料原件。本案中原告对于被保险人发生保险事故的事实并不否认，而以医疗费发票复印件不是有效票据为由不予理赔，没有法律依据。

一审判决后，被告不服要求其支付保险金的判决，提出上诉。上诉法院支持了一审法院对上述两项焦点问题的认定，维持了原判决。

【案例分析】

从该案判决来看，法院无疑是认定可以依据多份保险合同申请理赔的，并且并不是以提供医疗费等单据原件为必要条件。

在实践中，保险公司多是通过条款约定的方式限制被保险人购买同种类保险单的份数，如某交通事故意外伤害医疗保险条款约定，被保险人最多可购买5份该保险单，超过数量的保险合同视为无效，这种做法一方面承认了投保人可购买多份保单的事实，另一方面也控制了保险公司的风险。

六、不同收入家庭的保险规划

对于不同收入的家庭而言，保险的作用会不同，在配置上也会有很大的差别。

1. 工薪一族侧重基本保障

工薪一族因为收入与支出基本持平，因此其应对风险的能力偏弱，尤其是有孩子的家庭，一旦遇上突发事件，往往难以承受打击，所以说工薪一族是最需要保障的。

一般的工薪阶层都会有社保、医保、失业保险等政府统筹项目的保险，但就保障程度而言，显然还不能完全满足一个家庭的全部保障需求。某个家庭成员的一次大病开支或许就会将整个家庭拉入窘境。因此，普通工薪阶层可重点考虑投保意外险或重大疾病险，这两类险种保障性强、保费较低，能抵御一部分意外、疾病给家庭带来的风险。

此外，有子女或老人的家庭还要考虑子女教育费用的储备，比如购买年金类的教育保险，以及为老年人购买重大疾病险。

2. 中等收入家庭保险兼顾投资

中等收入家庭通常衣食无忧，除房车齐备外还属于“有闲钱”一族。大多中产阶层会把这部分资金用于股票、基金、理财产品等投资，或投资自己，而不太注重配置保险。其实这时最应未雨绸缪。

（1）对一个成熟的家庭来说，家庭基础配置已经购买齐全，短期内家庭整体支出不会很大，此时正值整个家庭收入水平的巅峰时期，可以通过购买趸交类保险来为以后建立养老基金。

（2）考虑到中等收入家庭的投资偏好，投连险也是一个不错的选择。其好处如下图所示。

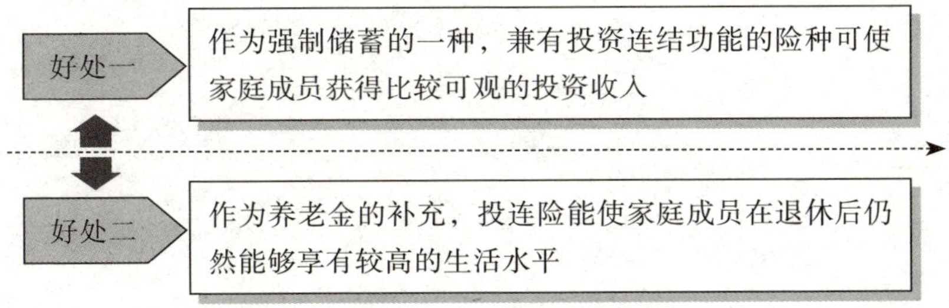

中等收入家庭配置投连险的好处

（3）对于工作压力较大的中产阶层，还可再适当配置重大疾病险给自己多添一道保障。

3. 富裕群体注重财产传承

富裕群体拥有庞大的资产和大笔投资，健康、养老对于这个群体来说更为重要。保险资产除了具有转移风险、保值增值的作用外，还具有资产传承、合理避税、合法避债等功能。富裕人群更应购置具有这些功能的保险，可以考虑配置大额的年金型保险与高端保险。

保险贴士

现在已经有多家保险公司推出专门针对富裕阶层的保险产品，涉及定制化养老保险、人寿保险，以及专门针对遗产税征收的保障。

答疑解惑

Q1：买少儿保险是优先考虑重疾险还是教育金？

买保险就是为了应对突发事件给家庭造成经济上的重大影响，发生在小孩身上的可能对家庭有重大影响的花费就是重大疾病。虽然得重病的概率较低，但是一旦患病治疗费用就很高，动辄几十万元甚至上百万元，会给一般家庭带来较大的经济压力。现在小孩患白血病（被称为“少儿第一杀手”）的概率逐年提升，家长更应考虑给孩子买重疾险。

Q2：教育储蓄和教育保险金有什么区别？

教育储蓄是指个人按国家有关规定在指定银行开户，存入规定数额的资金，用于教育目的的专项储蓄，是一种专门为学生支付非义务教育所需教育金的专项储蓄。教育储蓄享有两大优惠：一是到期提取时免征20%的利息税；二是零存整取可按照整存整取的方式计息。因此，教育储蓄这一风险为零、收益不低的储蓄品种，历来是家长们在筹措教育金时最常选择的投资工具。

而教育保险金亦称教育金，是保险公司所销售的少儿险产品中的一种，它着重为孩子提供高中教育金、大学教育金、创业金、婚嫁金等。

Q3：年轻人如何购买投资理财保险？

年轻人在购买投资理财保险时，首先要控制保费支出，一般对保费的支出控制在年收入的10%～15%就是合理的。投资理财保险主要

有分红险、万能险和投连险三种，年轻人在购买投资理财保险时要认识清楚，结合自身的投资理财需求，选择合适的险种。此外，经济收入不稳定的年轻人不宜购买分红险。若选购万能险，要明确其初始费用。

Q4：女性一生中应该购买哪些保险？

不同的人生阶段应有不同的选择，不论是白领阶层还是家庭主妇，女性在不同年龄、不同处境时都应有不同的风险考虑。

（1）已婚未育的女性，应考虑购买包含妊娠期疾病险和新生婴儿险的产品；已经生育过的女性基本上可将这两项排除。

（2）尚未买过保险的年轻女性，投保时应优先考虑带有医疗、意外、身故保障的寿险类产品，待经济承受能力提高或成家后再适时调整。

（3）处在稳定婚姻期的女性，可以考虑购买专门的女性终身寿险和女性两全险，或者重点投保女性重大疾病险和医疗险。同时从养老、家庭经济和孩子教育的角度出发，在保单主险中适当地附加孩子的教育金及日后的养老金等保障。

Q5：什么是女性健康险？

女性健康稍不同于男性健康，女性健康往往容易受到一些妇科疾病，如乳腺癌、宫颈癌等威胁。为了关爱女性，保险公司设计了各种女性健康保险产品，涉及的保障内容主要有三大类：

（1）第一类是针对女性生理健康的重大疾病保险，比如女性特定疾病险的保险范围就包含女性常见的乳腺癌、宫颈癌、卵巢肿瘤、系统性红斑狼疮等。

（2）第二类是针对女性为了变美而付出代价.进行赔付的保险，比如说进行整容手术等所产生的费用。

（3）第三类是针对女性生育时期保障费用的赔付。

Q6：家庭主妇如何买保险？

家庭主妇不妨从健康医疗、子女教育、养老三个方面来考虑购买保险。

另外，长期的家务劳动可能会令她们特别容易罹患一些特种疾病（如肺病等），女性的生理特征也决定了她们容易患上一些女性疾病，因此医疗类保障是必不可少的。为此，不妨选购一些具有保障功能的女性保险。

Q7：为老年人购买意外险好吗？

当然好。由中年步入老年，身体的各项机能也会随着年龄的增长逐渐退化，遭受意外的可能性会大大增加，比如交通事故、跌伤、火灾等，这些意外对老人的伤害会更加严重。据有关数据统计，老年人骨折以后的死亡率是未骨折的5倍。老年人骨折后，肢体会受到不同程度的伤害，长年卧床不起会引起褥疮、血管栓塞、便秘及肠梗阻等并发症。年轻人常年在外工作，回家看望父母的时间比较少，对父母的关心和照顾不够，所以应为父母购买一份意外险，让他们的晚年生活过得更加有保障，同时在意外发生后也能减轻家庭的经济压力。

Q8：如何按需选择适合自家的保险？

通常来说，可以通过购买保障型保险产品来转移突发风险给家庭带来的经济损失，典型的保障型保险产品包括意外险、健康险和定期寿险等。子女教育和个人养老规划可以通过购买人寿保险或年金保险进行储蓄准备，比如分红两全保险、万能保险和年金等产品有确定的利益保证，且长期来看回报稳定，都是较为合适的选择。投资连结保险适合风险偏好较高的保险消费者进行长期储蓄所用，但不宜作为短期交易的投资品进行购买。

Q9：如何分析自身的保险需求？

人生的不同阶段，需要应对的风险不同，保险需求也有所不同。通常来说，年轻时购买身故和伤残等方面的保障，被保险人一旦发生风险，相关保险可以为父母、配偶等提供部分经济支持；中年时偏重子女教育储备和养老储备，同时对于健康保障的需求也逐步增加；老年时偏重养老、健康护理和财产传承等。

消费者可以根据自身的家庭情况和所处的人生阶段选购合适的产品。建议在分析自身保险需求时，首先考虑保障，再根据经济条件制定投资理财规划。

Q10：如何设定家中保费支出?

保障型产品可以用相对较低的保费获得较高的保额，通常建议投保人将意外伤害险保额设定为自身年收入的10～20倍；重大疾病险保额设定为5～10倍。长期储蓄型寿险的保额则根据到期需要使用金额与已有储备和其他投资金额之间的缺口确定。

需要注意的是，一年期以上的人身保险保费缴纳方式分一次性缴费和分期缴费两种。选择一次性缴费的，通常缴费较多，投保前需明确这是闲置资金。如选择分期缴费，投保前需充分考虑是否有持续稳定的财力支付保费，否则，投保人可能会丧失保险保障并承担退保损失或者丧失部分保险合同利益。

总的来说，保费的支出应与自身的经济条件相适应，一般在年收入的5%～15%之间为宜。

投保指南

一、“80后”家庭如何做好保险规划

【投保背景】

35岁的金先生在一家外企工作，年薪30万元；妻子程女士在一家私企做行政工作，月收入5000元。夫妻俩都有社保和商业附加险，还有一个刚满2岁的可爱女儿。

在家庭资产方面，金先生在市区有一套150平方米的大房子，已经还清了贷款，有一辆价值16万元的小轿车，养车费基本可由企业报销。金先生有15万元的定期存款，买了10万元的国债，投资了5万元的基金，拥有市值5万元的股票，亏损2万元。

在开支上，金先生一家每月支出约7000元，每年的物业费用为4000元，娱乐、旅游等其他开支约为9000元。

【投保需求】

处在35岁的年纪让金先生对于未来可能面临的风险感到担忧，所以金先生希望专业人士为其制定一份合适的家庭保险配置规划，以应对未来可能出现的风险。

【投保分析】

金先生夫妻收入稳定，有房有车有存款，家庭主要资产为一套150平方米的房子、16万元的轿车以及15万元的定期存款，此外还有国债、基金、股票共计20万元，资产流动性低。

家庭月收入3万元，月支出约8084元，月度结余为2.19万元，储蓄率为73%，具备较高的消费能力和风险应对能力。

【投保建议】

根据保险的“双10”定律，保险额度应该为金先生家庭年收入的10倍，保费支出占家庭年收入的10%，所以，金先生的家庭保费应支出3.6万元，保额应该为360万元。金先生可以为自己和妻子分别投保某寿险公司重大疾病保险，有效期限为终身，年缴保费1.45万元，可保29种重大疾病，有50万元的重大疾病保障和50万元的身故保障。

此外，金先生可投保家庭综合意外保险，一张保单全家共享，可共用意外身故保障100万元、意外医疗保障10万元、意外住院津贴100元每天，成人可以共用火车、飞机、轮船等意外身故保障，年缴保费在2500元左右。金先生还可以再为女儿投保一份健康保险作为保障，投保一份分红保险作为教育金，年缴保费在5000元左右。

按这样计算，金先生每月保费支出为3000多元，月度结余还有约1.89万元，并不影响家庭正常的经济消费。金先生完全可以再选择购买保本混合型基金，每月定投5000元，其余用于银行储蓄，以保持较高的资金流动性。

二、“70后”家庭如何做好保险规划

【投保背景】

44岁的吴先生是一家企业的高管，年收入40万元，与单位签订的是无固定期限合同，有五险一金。妻子是某公司的中层员工，年收入15万元。女儿小越现在在英国上学，还有一年就要毕业回国了。

夫妻俩有两套房产，其中一套自住，是十多年前买的，如今没有房贷，市值达490万元；还有一套是不久前买的，打算作为女儿的嫁

妆，是用公积金贷款买的房，首付给了300万元，目前仍有200万元的房贷，每月的月供为1万元。家里有一辆车，每年的油费加保养费需要1万多元。在生活开销方面，每月要3000～4000元不等。家里有3个老人，每年的赡养费要5万元。

在家庭投资方面，除了房产，基本上没有购买其他理财产品，银行有13万元的定期存款和2万元的备用金，另外还有借给亲戚们的5万元。

【投保需求】

这几年，女儿一年的开销要20多万元。现在女儿就要学成归国了，夫妻俩这才把养老的计划提上日程，主要想获得的保障是重大疾病保险和养老险，希望每年缴的钱能够返还，至于是否有分红则无所谓。

【投保分析】

吴先生的家庭是中端客户的典型代表。即将步入中年的他和太太，事业和家庭已经步入稳定期，但他们的家庭责任和负担依然很重。保险的主要功能是风险管理和财富规划。该家庭现阶段的保险规划应以健康保障和养老为主。吴先生作为家庭的经济支柱，应该是保险规划的重点与核心。

目前吴先生家庭每年的固定可支配收入是24万元左右（扣除全年的房贷、赡养费、汽车消费、日常生活消费后的净值），家庭资金运用的灵活性比较大，在做好风险保障的同时，可以购买一些短期银行理财产品。

吴先生家庭目前潜在的风险：一是家庭主要收入突然中断后，200万元的银行贷款的还款压力；二是夫妻未来的重疾风险和养老金补充。吴先生和太太都有基本的社保，商业保险费的合理支出应在8万元左右。

【投保建议】

（1）吴先生。

吴先生是一家之主，是家庭的经济支柱，他的任何变化对家庭都会有很大的影响，所以，吴先生于工作期间的保障在家庭中至关重要。所以，养老险、重疾险、意外险、一般寿险都是可以考虑的具体险种。

根据吴先生的情况，可以考虑保额150万元的定期寿险，保额50万元的长期重疾保障，保额50万元的终身重疾保障，交通保额100万～250万元的出行保险。

（2）吴太太。

吴太太可以考虑保额100万元的定期寿险，保额50万元的长期重疾保障，保额50万元的终身重疾保障，交通保额100万～250万元的出行保险。

综上所述，该组合可以解决夫妻俩在这个阶段非常关注的大病保障和养老规划问题，既保证了他们在此阶段能够给孩子提供一个很好的教育环境，又能够非常好地赡养双方的老人，在不会给自己太大的经济压力的同时，将风险转嫁出去。

（3）理财规划。

夫妻俩每年会有24万元的现金结余，如果扣除5万多元的保费，还有约19万元的结余。建议他们可以拿出10多万元做短期理财，以备不时之需，同时再拿出余款做一些中长期理财，以起到保值增值的作用。

三、“60后”家庭如何做好保险规划

【投保背景】

54岁的董先生是事业单位工作人员，月收入6000元左右，有医保、社保、住房公积金。其妻吴女士也是54岁，目前已退休，有社保、医保，无住房公积金。两人有个女儿，25岁，未婚，工作单位为其购买了五险一金。家庭年结余约10万元，无房贷、车贷。

【投保需求】

目前，该家庭已购保险为：董先生有一份理财险，另有一份健康险；吴女士有养老险。夫妻俩想了解如何配置保险，可使其家庭更稳定、更有保障？

【投保分析】

这是一个典型的工薪阶层家庭，家庭收入基本稳定，拥有一定的社会保障。女儿董小姐25岁，处于奋斗阶段，承受着激烈的职场竞争压力，承担着繁重的工作任务，未来还将接过家庭重担。收入的有限性决定了他们的理财能力和抗拒风险的能力严重不足。因此，保险保障对这样的家庭而言尤为重要。工薪阶层在为家庭做财务规划时，可购买一份基本保险套餐，并通过家庭成员的互保、共保，构筑家庭的风险保障体系。

【投保建议】

（1）以组合形式购买三大家庭必备险种。

工薪阶层需要一份最基本的人身保险。传统的定期寿险、终身寿险虽然能解决某个时期内或终身的人生保障问题，但它们的养老功能却不明显。对于工薪阶层来说，基本的保险套餐应该包括一份养老型的长期人身保险、一定额度的重大疾病保险和意外伤害保险。

以太平洋寿险的产品为例，可以“金佑人生保障计划”“守护安康防癌保障计划”“长顺保意外伤害保障计划”为组合进行购买，每年缴费在1.5万元左右，可以获得重大疾病保障20万元、癌症治疗金165万元、意外伤害保障50万元，这是比较稳妥的选择。

（2）完善整个家庭的风险保障体系。

在个人的风险保障体系搭建完毕后，还需要考虑家庭的风险保障体系，因为家庭成员间任何一个人出现风险，都会影响到整个家庭。建议通过家庭成员之间的互保、共保等方式来完善家庭风险保障体系，这样才能提升整个家庭的抗风险能力，保障也更稳固。

在这个家庭里，如果经济条件允许的话，董先生作为长辈还可以为女儿购买一份分红型保险理财产品，这也是有必要的，每年缴费3万元左右，作为女儿的婚嫁预备金。

第五章 | 放心购买保险

保险箴言

保险是对自己的呵护

人生其实就是一次不断向前的生命旅程。事业、婚姻、家庭等责任与义务，随着旅程的延伸变得愈加沉重。在忙于应付各种生活的重压之余，也别忘了对自己的呵护，为自己购买一份保险，给自己准备一些保障。在关爱他人之前，知道如何关爱自己。

要点解析

一、保险合同的构成

《保险法》第十条规定："保险合同是投保人与保险人约定保险权利义务关系的协议。"保险合同的当事人是投保人和保险人，保险合同的内容是保险双方的权利义务关系。

保险合同的书面形式是保险合同的重要组成部分，但不是保险合同的全部。在订立和履行保险合同过程中形成的所有书面材料都是保险合同的组成部分，包括下图所示的内容。

1. 保险单、保险凭证、投保单
2. 投保人的说明、保证
3. 关于保险标的风险程度的证明、图表、鉴定报告（如人身保险中被保险人的体检报告）
4. 保险费收据
5. 变更保险合同的申请
6. 发生保险事故的通知、索赔申请、损失清单、损失鉴定

保险合同的构成

其中，投保单是保险合同的重要法律文件之一。投保单又称“要单”，是投保人向保险人申请订立保险合同的书面要约。投保单一般由保险人按照事先统一的格式印制，通常为表格形式。投保单所列项目因险种不同而有所区别，投保人应按照表格所列项目逐一填写并回答保险人提出的有关保险标的的情况的问题。

保险贴士

投保单一经保险人接受并签章，即成为保险合同的组成部分。

二、保险合同的成立

保险合同的成立是指投保人与保险人就合同的条款达成协议。《保险法》第十三条规定：“投保人提出保险要求，经保险人同意承保，保险合同成立。保险人应当及时向投保人签发保险单或者其他保险凭证。保险单或者其他保险凭证应当载明当事人双方约定的合同内容。当事人也可以约定采用其他书面形式载明合同内容。依法成立的保险合同，自成立时生效。投保人和保险人可以对合同的效力约定附条件或者附期限。”

在实际操作中，当保险人审核完投保人填具的投保单并在投保单上签章表示同意承保时，即意味着保险合同的成立，但是，保险合同的成立并不一定意味着保险责任的开始。

三、保险合同的生效

保险合同的生效是指依法成立的保险合同条款对合同当事人产

生约束力。一般合同一经成立即生效，双方便开始享有权利，承担义务。但是，保险合同往往是附条件、附期限生效的合同，只有当事人的行为符合所附条件或达到所附期限时，保险合同才生效。如保险合同订立时，约定保险费缴纳后保险合同才开始生效，那么，虽然保险合同已经成立，但要等到投保人缴纳保险费后才能生效。

我国保险实践中普遍推行的“零时起保制”，就是指保险合同的生效时间是在合同成立的次日零时或约定的未来某一日的零时。

四、保险合同的有效

保险合同的有效是指保险合同具有法律效力并受国家法律保护。任何保险合同要产生当事人所预期的法律后果，并产生相应的法律效力，都必须符合有效条件。按照保险合同订立的一般原则，保险合同有效的条件如下图所示。

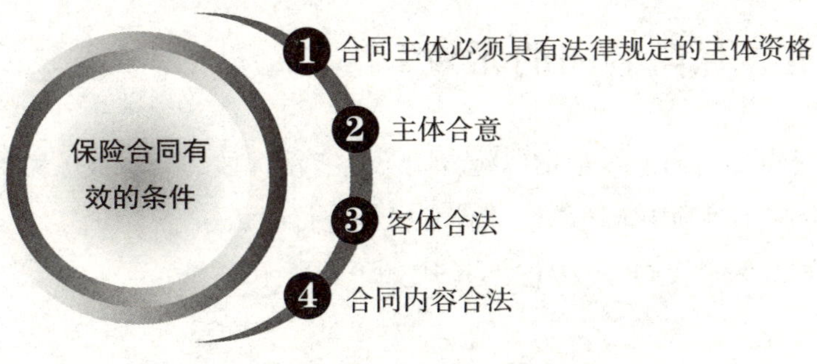

保险合同的有效条件

1. 合同主体必须具有法律规定的主体资格

在保险合同中，保险人、投保人、被保险人、受益人都必须具备法律所规定的主体资格，否则会引起保险合同全部无效或部分无效。

2. 主体合意

所谓主体合意，主要指签订保险合同的当事人双方要合意（意思表示一致），并且这种合意是建立在最大诚信基础上的合意。任何一方对他方的限制和强迫，都可使合同无效。

3. 客体合法

所谓客体合法，是指投保人对于投保的标的所具有的保险利益必须符合法律规定，符合社会公共利益要求，能够在法律上有所主张，为法律所保护。否则，保险合同无效。

4. 合同内容合法

所谓合同内容合法，是指保险合同的内容不得与法律和行政法规的强制性或禁止性规定相抵触，也不能滥用法律的授权性或任意性规定达到规避法律规范的目的。

五、保险合同的无效

保险合同的无效是指保险合同不具有法律效力，不被国家保护。保险合同无效须由人民法院或仲裁机构进行确认。

导致保险合同无效的主要原因如下图所示。

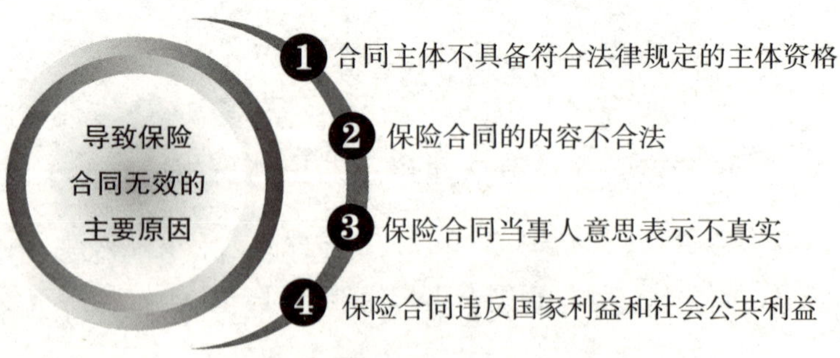

导致保险合同无效的主要原因

1. 合同主体不具备符合法律规定的主体资格

如投保人没有民事行为能力或对投保标的不具有保险利益，保险人未取得经营保险业务的许可证或超越经营范围经营保险业务等。

2. 保险合同的内容不合法

如投保人为非法据有的保险标的投保；未成年人父母以外的投保人为无民事行为能力人订立以死亡为保险金给付条件的保险合同；以死亡为保险金给付条件的保险合同未经被保险人同意并认可保险金额；保险条款内容违反国家法律及行政法规等。

3. 保险合同当事人意思表示不真实

即保险合同不能反映当事人的真实意思。如采取欺诈、胁迫等手段订立的保险合同、存在重大误解的保险合同、无效代理的保险合同等。

4. 保险合同违反国家利益和社会公共利益

如为非法利益提供保障的保险合同等。

经典案例

花光半生积蓄买保险，无法续保面临违约

【案例背景】

家住北京郊区的孙大妈已经75岁，多年前收养了孤儿小刚。因孙大妈一直“吃低保”，不具备收养资格，无法在民政局办理收养登记，只办理了助养手续。

和孙大妈同住一个村的小陈是保险业务员，经常动员她为小刚购买保险。于是孙大妈在2016年1月买了两份保险，但这两份保险给她带来的却是损失和无尽的烦恼。

孙大妈在小陈的帮忙下填写了保险合同，上面写着孙大妈的年收入为30万元。但实际上孙大妈并没有固定收入，她在支付20多万元保费后便无法续保，面临着违约的风险。

得知自己付的20多万元基本要不回来了，孙大妈只觉两眼一黑，毕竟这是她大半辈子省吃俭用攒下的全部积蓄。老人只好聘请律师去法院打官司。律师一问才知道孙大妈和小刚之间并没有收养关系，因此保险合同是无效的。

2018年，因小刚与孙大妈不具有法律上的利益关系，法院认定两份保险合同为无效合同，但保险公司拒绝返还保险费。孙大妈又将保险公司告上了法庭，请求法庭判令保险公司返还其缴纳的保险费26万多元以及利息损失等。

【案例分析】

孙大妈的律师指出，投保人是70多岁的老太太，完全是按照指引签订保险合同的。而保险公司负有审查投保人和被保险人是否具有保险利益的义务。“小陈和孙大妈是村民关系，对她的家庭关系及年收入是非常了解的，孙大妈30万元的年收入又从何而来？”

法院认为，保险公司没有尽到审核的义务，其过错程度较大。后来法院做出判决，要求保险公司返还孙大妈保险费22万多元，并赔偿利息损失5000元。

六、保险合同无效的分类

保险合同无效可以分为全部无效和部分无效。

1. 全部无效

保险合同的全部无效是指其约定的全部权利和义务自始不产生法

律效力。如投保人对保险标的不具有保险利益的保险合同、违反国家利益和社会公共利益的保险合同，或保险标的不合法的保险合同等均属于全部无效的保险合同。

2. 部分无效

保险合同部分无效是指保险合同中某些条款的内容无效，但合同的其他部分仍然有效。如善意的超额保险中超额部分无效，保险价值以内部分仍然有效。

保险贴士

保险合同的无效不同于保险合同的失效。保险合同被确认无效后，即自始无效，是绝对无效；而保险合同失效则是由于某种事由的发生，使保险合同的效力暂时中止，并非绝对无效，待条件具备时合同效力仍可恢复。

七、订立保险合同的步骤

保险合同的订立是指保险人与投保人在平等自愿的基础上就保险合同的主要条款经过协商最终达成协议的法律行为。其他合同的订立一样，保险合同的订立也要经过下图所示的两个步骤。

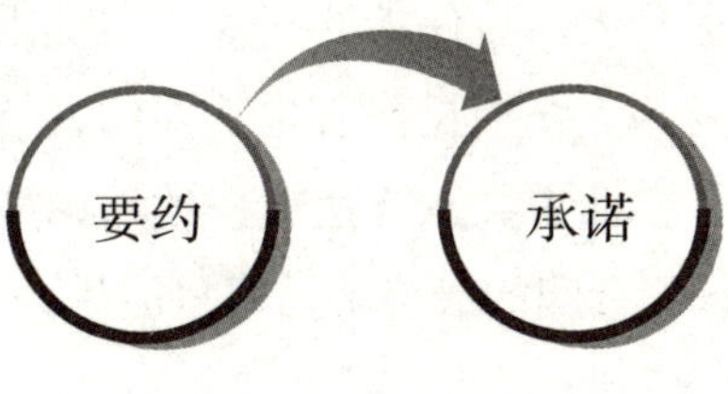

订立保险合同的步骤

1. 要约

要约又称“订约提议”，是指一方当事人就订立合同的主要条款向另一方提出订约建议的明确的意思表示。提出要约的一方为要约人，接受要约的一方为受约人。就保险合同的订立而言，要约即为提出保险要求。由于保险合同通常为格式合同，所以，保险合同的订立一般是由投保人提出要约，即投保人填写投保单，向保险人提出保险要求。

2. 承诺

承诺又称“接受提议”，是指当事人一方表示接受要约人提出的订立合同的建议，完全同意要约内容的意思表示。要约一经承诺，合同即告成立。在保险合同订立过程中，保险人对投保人提出的投保申请做出同意订立保险合同的意思表示就是承诺，即同意承保。

在保险合同的订立过程中，如前所述，通常是由投保人提出要约，保险人做出承诺，投保人为要约人，保险人为受约人。原因是保险合同通常是格式合同，或者说投保人是在填写投单时已经知道了保险人所厘定的保险费率或在投保单上保险人已经事先印有保险费率的条件下提出投保要求的。

但是，在一些投保单上没有列明保险费率，或者在保险人允许的情况下，投保人对保险人拟定的保险费率或条款提出修改意见时，投保人需要与保险人进行议定，当保险人对投保人的投保申请增加新的附加条件时，保险人与投保人也需要反复磋商。在这个磋商过程中，与订立一般合同一样，保险要约人与受约人的法律地位可能出现反复交换的情况。当保险人对投保人的投保申请提出条件时，保险人就从受约人转换成了要约人，而投保人也从要约人转换成了受约人。但是，就保险合同的订立而言，双方达成一致后，最终签发保单的只能是保险人，所以，保险合同的最终承诺人只能是保险人。

八、签订保险合同应遵循的原则

随着生活水平的提高，买保险已经是消费者在投资理财时经常考虑的一种方式。当所面对的保险代理人是老熟人时，大部分人都会碍于面子和交情，不好意思讨价还价，又不好就质量、服务等问题刨根问底，于是签了合同，送了人情。一旦发现这份保险不适合自己或者有“水分”，烦恼就来了。是退保、还是续交？真不知道如何是好，弄得很被动。

2017年8月，经熟人介绍，从化市的杜某认识了某保险公司业务员秦某。此后，秦某多次向杜某宣传并动员其购买本公司的保险。经不住秦某不厌其烦地宣传，8月29日，杜某决定购买一份养老保险。在杜某还不了解保险条款，正在犹豫的时候，秦某从包里拿出一张表格，要求杜某在上面签个字，并说此表与购买保险没有关系，只是给公司看看，于是，杜某没看表格内容就签了字，并根据秦某的要求交了3800元的保费。随后，秦某说保单要到公司里制作，过几天制作好就把保单送过来，因是熟人介绍，杜某就很放心地让秦某把钱拿走了。

2017年9月5日，保单制作好了，但是秦某却并没有立刻将保单送给杜某，而是等到9月16日才告诉他保单出来了，这时已经过了10天的犹豫期。杜某在接到保单认真研读后才发现，保单所列条款与秦某介绍的差异很大，当即要求退保。秦某却说保险回单他已经替杜某签字送到公司不能退了，再说也已经过了犹豫期。如果要退，得按保单后所列的现金价值表收取工本费、手续费等费用。杜某一看价值表退回的金额还不足交款额的50%。此后，杜某多次到保险公司投诉秦某要求退保，均不成，无奈之下，杜某向消协部门求助。

接到投诉后，消协部门立即展开了调查，经过多次调解，保险公司为杜先生全额退了保费。

由此看来，如果在签订保险合同时不加以注意，不仔细阅读保险合同条款，就容易造成多种不便和冲突，最终使自己的利益严重受损。那么，消费者怎样才能“多快好省”地签订保险合同呢？遵循下图所示的原则，即能有效地维护自身的权益。

签订保险合同应遵循的原则

1. 思

思，就是要认真考虑是否真正需要某类保险保障。商业保险种类繁多，不同险种的保障功能各有侧重，应仔细衡量各家保险公司、各类保险产品的优劣，选择合适的保险产品与险种组合。同时，应认真阅读《中华人民共和国保险法》等保险法律法规，增加对保险行业的了解。

2. 看

看，就是要仔细阅读保险条款的内容。保险条款是保险合同的重要组成部分，客户在购买保险产品时，首先要看保险责任，保险责任会规定在何种情况下保险公司为客户提供哪些保障；其次要看除外责任，除外责任会列举在何种情况下保险公司不承担保险责任。

此外，保险条款中有一些术语或关键性词语在保险合同中有特定的含义，应仔细阅读与此相关的释义条文。

3. 答

答，就是在填写投保书时一定要如实回答保险公司的询问。投保书栏目很多，涉及投保人、被保险人、受益人，特别是前两者的各种个人信息，与保险公司是否接受客户投保、核定承保条件及提供售后服务密切相关。

保险贴士

如果故意隐瞒重要事实，当保险事故发生时不仅得不到保险公司赔付，而且还不能退还保费。

4. 签字

签字，就是投保书及相关声明栏必须由投保人及被保险人亲笔签字。保险合同是法律文书，签字即表明有关内容是签字人的真实意思表示，签字人愿意履行保险合同所规定的义务，同意保险公司的承保条件。所以要三思而后行，慎重签字。

投保书应由投保人、被保险人亲自填写，代签字的保险合同视为无效。有的保险公司或特定险种的投保书上还附有一个投保人、被保险人声明栏，表示已清楚所签订的保险合同的重要事项，如客户对保险条款、保险合同还有任何疑义，都可拒绝在此栏签字，直到自己清楚、满意为止。

经典案例

代签名引发拒赔

【案例背景】

2015年12月，彭先生为妻子安女士买了一份定期寿险。由于这类保险是以被保险人的死亡为给付条件，因此需要征得被保险人的许可（书面签名）。但是，在签保单时，安女士恰巧出差在外，彭先生向代理人杨某表示，妻子无法在保单上签名。杨某称彭先生帮她签字就可以。这样，彭先生便在被保险人一栏代他的妻子签了名。

2018年初，安女士不幸病逝。伤痛之余，彭先生想到曾为妻子购买过保险，便向保险公司提出理赔申请。保险公司理赔时，对比签名的笔迹后却发现，被保险人一栏是由投保人彭先生代为签名的，而安女士没有在保单上亲自签名，因此做出拒赔决定。

【案例分析】

因他人代签名而引发的保险理赔纠纷屡见不鲜，有家属、朋友、同事（团险中多见）代签的，也有保险代理人代签的，但无论何种情况，投保中代签名都是绝对不可取的，因为代签名并不被保险公司所认可，所签的合同也是无效的。因此，在签订保险合同时，一定要亲自签名。既不要请他人代签，也不要让保险业务员帮忙填写，以免生病、出事后保险公司以合同无效为由拒赔。

九、认真解读保险合同

消费者在购买保险时，应认真仔细地解读保险合同，可按下页图所示的步骤进行。

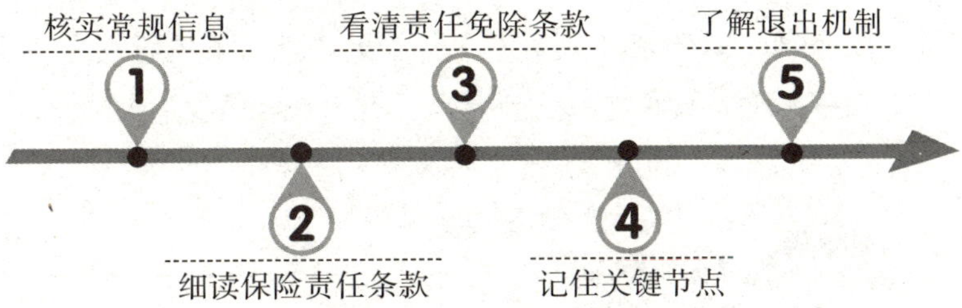

解读保险合同的步骤

1. 核实常规信息

消费者在投保时一般需要填写投保单以及其他一些函件，保险公司通常会在正式的保险合同中列出上述材料的复印件。因此，消费者需详细核实这部分内容。

比如，合同中的投保人、被保人和受益人的姓名、身份证号码是否有误；保险品种与保险金额、每期保费是否与自己的要求相一致；投保单等资料的签名是不是自己亲笔写下的。

此外，如有必要投保人还应该确认一下保单的真实性，途径有两条，如下图所示。

核实保单真实性的途径

2. 细读保险责任条款

俗话说“买保险就是买保障”，而保障具体是怎么样的，包含哪些方面，就要看保险责任条款的约定了。此部分需详细阅读，了解是否与前期销售人员介绍的一致。

比如，普通医疗报销保险针对每次住院花费的报销比例是多少？每一份（或每档）的封顶额度是多少？重大疾病险要看看包含多少种疾病，而且一般重大疾病有程度的要求，这方面也需要了解。

保险贴士

投保人在浏览保险条款时要特别注意阅读除外责任条款，这些条款列举了保险公司不理赔的几种事故状况，投保人在购买保险后要注意避免这些状况的出现。

3. 看清责任免除条款

保险责任条款划定了保障范围，同时也约定了极少数保险公司不承担责任的情况。

比如，被保险人醉酒驾驶、无证驾驶等，以及进行攀岩、跳伞等高风险运动，这些都是责任免除条款约定的内容。

对此类条款消费者应详细阅读了解，在购买保险后也要尽可能避免这些状况的出现。

4. 记住关键节点

保险合同当中很容易让人犯晕的就是几个保险期限的规定和作用，不少投保者没有留心这几个保单的关键节点，导致不能很好地使用自己的保险权益。

（1）保险空白期。

保险空白期是指从投保人缴纳保费到保险公司出具正式保单之前的这段时间。在这期间保险公司不承担保险责任，也就是说消费者虽然已经给了钱但还没有真正完成投保。

（2）观察期。

观察期又称“等待期”，是指在保险合同生效后的一定时间内（一般为90～180天），保险公司也不承担责任。大部分医疗保险单都有观察期的规定。

（3）犹豫期。

犹豫期是指在投保人签收保险单后的一定时间内（一般为10天），对所购买的保险不满意，可无条件退保并且拿到相应退还的保费。所以说买保险并不是一锤子买卖，投保人如果发现不合适还可以及时退保。

（4）宽限期。

宽限期是指在首次缴付保险费以后，如果投保人在各期没有及时缴费，保险公司将给予投保人60天的宽限时间。投保人只要在宽限期内缴纳了保险费，保险合同就继续有效。也就是说投保人忘记及时缴纳保费并不会使得保单立刻失效，还有一段补救的时间。

5. 了解退出机制

退出机制主要是指合同中关于退保的各种规定。大部分保险可以在10天的犹豫期中全额退款，而在犹豫期过后，投保人也可以在任何时候要求解除保险合同，并得到相应的款项。只不过在不同情况下得到的保费多少会不相同。

目前市场上的保险合同主要有下图所示的几种中途退出的方式。

1 退保 → 投保者停止缴费，保险公司只退还保险合同上的现金价值额

2 减额付清 → 投保者停止缴费但不要求领回相应的款项，而是让保险继续有效，保障范围可能会相应缩小

③ 保单质押 → 在正常的保险期间内，投保人需要向保险公司借款，一般可以得到相应保险账户现金价值70%左右的借款，在此期间投保人仍然可以享受保单上的保障

保险合同中途退出的方式

相关链接

成功避开保险纠纷的诀窍

第一招：独立挑选保险产品

在决定买保险之前，先要搞清楚自己为什么要买这份保险。很多消费者在挑选保险产品时过多地依赖代理人的推荐，其实买保险与买其他商品一样，都要根据自己的实际需求来选。代理人的意见、方案只能起到推荐作用，每个家庭对保险的需求都不一样，有的希望增加人身保障，有的则是为了转嫁财务风险，也有想通过保险做理财投资的……不同需求搭配不同保险。亲朋好友购买的保险可以起参考作用，但在实际购买时要切实考虑自己家庭的经济情况、年龄结构、风险偏好等因素。

第二招：了解保险的基本功能

时下保险理财盛行，很多人产生了“买保险就是为了多赚钱”的想法。为了迎合消费者的这一心理，保险代理人上门兜售保险时着重宣传的是分红功能；银行柜面上代销的保险打出的广告是“回报高”；在保险公司主推的产品中，几乎都带有分红性质。诸如此类的宣传误导了不少消费者，让大家觉得买保险就是为了多赚钱。

其实，保险最基本的功能是保障，投资理财只是保险的附加功能。对于保险最朴素的解释是：人人为我，我为人人。即人人拿出一小部分财富汇集成大经费，一旦个别社会成员发生意外就可以动用这

笔爱心基金。消费者买保险其实是用少量的钱转嫁自己和家庭的风险，不要因为缴了保险费却没有得到经济回报就认为很吃亏。

第三招：应该做到如实告知

据粗略统计，目前80%以上的保险拒赔案都是由客户在投保时没有如实告知引起的。保险合同有个重要原则，那就是如实告知义务，消费者投保时的一个小小的隐瞒行为，就会导致失去日后索赔的权利。

特别需要提醒的是，很多保户认为自己口头告知过就可以了，业务员说在保单上可不填就不填，结果理赔时被指控隐瞒病情，保户觉得冤枉却无据反驳，最后只好被拒赔。要知道如实告知义务已经以法律形式固定下来，任何人都不能豁免投保人不履行该义务。所以，投保人一定要在合同上填明被保险人的身体状况，否则保险公司可以隐瞒病情为由拒赔。

第四招：理解保险合同的立法本意

保单不能代签名最主要是针对以死亡为保险责任的人寿保险。这项规定的立法本意是防止投保人为经济利益恶意伤害被保险人，因而一定要被保险人的亲笔签名。在保单上不能代签名是保险常识，但有的分红险代理人在签订合同时对签名要求不严格，因此容易发生理赔纠纷。有些消费者购买的分红险业绩不佳，想要全额退保，便以自己的保单是代签名为由认为保险合同不成立，要求撤销所购买的保险产品，这种想法是错误的，也不会被保险公司所接受。

第五招：弄清保险条款的专用术语

由于消费者的保险专业知识还比较匮乏，对保险条款中的某些专用术语往往会想当然地去理解。

以“保户缴费满两年退保时保险公司应给付现金价值”这一条款为例，很多人从字面上理解以为现金价值就是自己所缴的保费。但事实上，客户退保时的现金价值是所缴保费扣除风险保费、储蓄金保费后的剩余部分。一般第三年退保的客户只能领到所缴保费的1/2左右，但这一点让不明就里的老百姓倍感上当，从而引发很多纠纷。

有的消费者错误地认为保险合同中写了“预期回报率”，就意味着肯定能得到这样的回报，而实际上预期回报率是指预计期望达到的回报，本身就具有不确定性及风险性，要知道保险的回报是在一定范围之内的，保险不是“包险”。

十、选择保险公司需考虑的因素

随着国内保险市场的步步开放，各类保险公司层出不穷，有中资保险公司、中外合资保险公司和外资保险公司，有产险公司、寿险公司、养老险公司、健康险公司和农业险公司等专业险公司。关键是如何在众多的保险公司中选择一家适合自己的保险公司呢？消费者不妨从下图所示的几个方面来综合考虑。

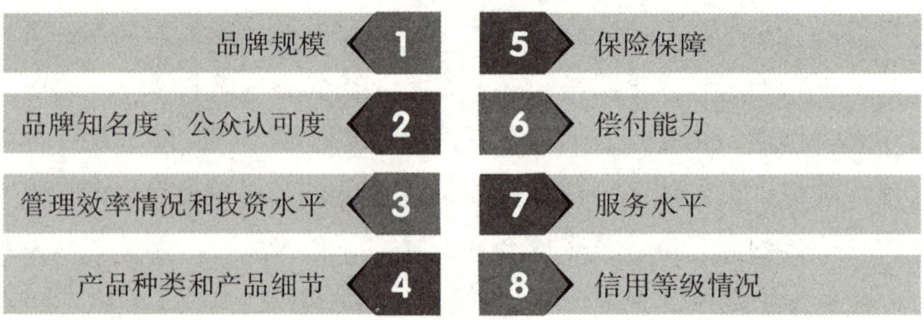

选择保险公司需考虑的因素

1. 品牌规模

如果从险种上看，各家保险公司都各有特点，但如果从安全方面考虑，规模大的保险公司肯定会更稳妥些，若两家保险公司的经营同时出现问题，国家可能会优先扶持规模大、客户多、影响大的保险公司。

2. 品牌知名度、公众认可度

社会整体对该保险公司的品牌认知、身边的人对该保险公司是否认可也是应该考虑的因素，尤其是接受过理赔的朋友，他们的建议具有重要的参考价值。

3. 管理效率情况和投资水平

保险公司管理效率的高与低决定着该公司的兴衰存亡。管理效率可从公司产品的创新能力、市场竞争能力、市场号召能力以及公司的投资能力、盈利能力、决策能力、应变能力、凝聚能力等方面衡量。其中很重要的一点就是公司的投资能力，一个公司的投资能力强，意味着保费的增值空间大。只有取得稳定收益的公司，才能最终保证投保人的利益。

购买投资型保险更需要考察公司的盈利能力，这主要体现在投资能力上。在这方面需要考察公司股东背景、公司实力、公司文化，同时还要进一步了解公司治理结构、内部风险控制、信息披露制度，以及对投资者教育的重视程度，等等。同时，也要了解管理团队，主要是了解团队中人员的专业素质、投资实力以及投资绩效。

4. 产品种类和产品细节

通过各保险公司网站或咨询电话可以了解有关产品的信息，看看公司产品是否涵盖了生活中不可缺少的保险产品，给买家更广阔的选择空间，满足更多的保障需求。更重要的是，应当选择能为客户量身打造个性化产品的保险公司。

保险贴士

针对不同的保险公司，在投保时要看清楚产品保障细节，特别要注意不理赔的范围，应当选择不理赔范围小的保险公司。

5. 保险保障

投保人在选择保险公司时，需要了解公司产品的特点，及其在同类产品中的竞争优势，是保障型的还是投资型的，是偏保障还是偏投资……

比如，以重疾险为例，有的保障期限长；有的保障范围广；有的将重疾分类，第一类重疾出险，病愈后还可以保障第二类重疾；有的具有豁免功能，即出险后后期的保费将免缴，但仍可以享有特定的保障权益。

在投保前，投保人需要详细了解保单条款中涉及自身利益的具体内容，如承保风险种类、保险责任、保险收益、保险期限、赔付方式等。如果选择保障类产品，也应选择一家种类较齐全的保险公司，这样更容易搭配，可以组成套餐，并能根据自身的保险需求，在主险的基础上附上较全的附加险。

6. 偿付能力

偿付能力是一种支付保险金的能力，表现为实际资产减去实际负债后的数额。偿付能力是影响保险公司经营的最重要因素，保险公司具备足够的偿付能力，可以保证在发生保险事故时，有足够的资金支付保险金，并保证保险公司的正常经营。

保险贴士

保险公司的偿付能力将接受动态监管，投保人可以通过保险监管机构的网站，了解保险公司的增资情况及对偿付能力不足的保险公司的通报。

7. 服务水平

在保险产品同质化较为严重的今天，各保险公司都在追求服务质量的提升。服务质量好的公司，总是以投保的需求为导向，而且言行一致，在很大程度上体现服务专业化、理赔高效化。

要想知道保险公司的服务水平如何，可以从下图所示的两个方面来衡量。

衡量保险公司服务水平的标准

在现实生活中，有很多投保人都在抱怨代理人在投保前形影不离，投保后却无影无踪，这说明了营销服务方面存在的问题，需要在投保时明辨。

保险贴士

优质的保险服务体现在投保前导购服务、投保中承保服务和投保后理赔服务方面的周全和细致。可以从买过保险的同事或朋友口中了解保险公司的服务和保障情况，也可以经常留心各新闻媒体的有关报道。

8. 信用等级情况

国际上有不少专门对银行、保险公司等金融机构的信用等级进行评估的机构，如美国的穆迪公司、标准普尔公司等，它们对保险公司的评级可以作为评价保险公司信用等级的一个参考。

经典案例

购买境外保单须谨慎

【案例背景】

2017年4月，万某通过熟人介绍认识了香港某保险公司代理人许某。通过许某的介绍，万某在深圳龙华购买了香港某保险公司的真智丰盛保险，保险金额为3万美元，年缴保险费1153美元。

后万某得知该保险是“地下保单”，于是向保险监管机构投诉。

【案例分析】

本案是由购买境外保险所引起的投诉。境外保险公司的推销人员在内地销售“地下保单”是违法的，消费者应对其违法性有充分的理解和认识，同时还应了解购买“地下保单”的危害和弊端，以防上当受骗，保护自己的利益不受损害。一旦发现有人售卖“地下保单”，就应向保险监管机构举报。

十一、选择保险代理人的技巧

在目前以代理人制度为主要营销方式的个人寿险行业中，保险代理人是投保人和保险公司之间最重要的桥梁。且寿险的有效期限较长，因此，选择一个讲诚信的、专业素质较高的保险代理人，将使自己终身受益。

那要如何选择优秀的保险代理人为自己提供保险服务，从而避免保险纠纷呢？专家建议用下图所示的三招优选保险代理人。

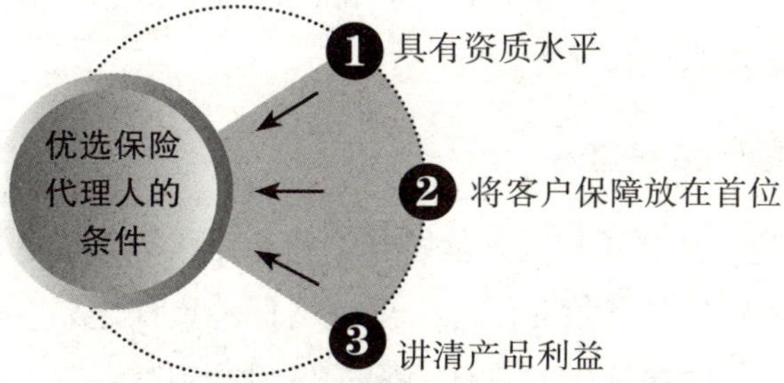

优选保险代理人的条件

1. 具有资质水平

面对越来越多的保险代理人，考察其资质水平是做选择时的重点，正规代理人必备的是保险代理人资格证、保险代理人展业证。投保人可以留心代理人的资格证编号和展业证编号，而且要与保险公司客服中心联系查证核实。

保险贴士

保险代理人是保险公司的代表，他们与保险公司签订了代理合同，其行为所产生的法律责任，其后果由保险公司承担。对具有身份证、保险代理人资格证和保险公司颁发的工作证的营销人员，可以放心地在他们那里投保。

2. 将客户保障放在首位

保险最本质的作用在于保障，消费者在购买保险产品前对此应有足够的理性认知。而一个优秀的保险代理人应把客户的保障放在最重要的位置上。

专业的保险代理人会从客户的实际情况出发，分析其自身或家庭存在的主要风险，进而有针对性地给出保险方案，而不是盲目地推销。只是一门心思地介绍某款保险产品的收益，故意遗漏不承保的范围事项等是本末倒置的行为。

3. 讲清产品利益

能够把产品利益及相关条款解释清楚也是代理人的基本素质。一个代理人在解释保险条款时，除了要说清保险责任之外，还应该主动向客户介绍：保险条款中的责任免除；保单的观察期、犹豫期、宽限期等概念；现金价值的概念；减额缴清、保单贷款、自动垫缴保费等概念；分红的不确定性，等等。

经典案例

代理人没有依据的口头承诺不可轻信

【案例背景】

杨某经营一家饼店，自2013年开业以来，某保险公司的代理人汪某就经常来光顾，通过沟通得知两人是老乡，便多次向杨某介绍该保险公司的万全健康终身保险。刚开始，杨某并不打算买保险，后来汪某来的次数多了，并多次强调该保险一是能起保障作用，二是缴费年限到期后钱可全部拿回，三是保险公司效益好时钱还可增值等。通过汪某的多次介绍，再加上汪某当着很多人的面多次强调“你们放心，买万全健康终身保险这一险种绝对没错，保你到老。买20年的话，可以起到保障的作用，保障范围广，保24种疾病。若20年后退保的话，所缴的钱还可全部退回，就好比钱存在银行一样，如果保险公司效益好，更可以增值”等，杨某即购买了该保险公司的万全健康终身保险6份，缴费期20年，年缴保险费为4788元。杨某买完保险后，经查询得知，汪某所说的20年后钱可全部退回根本不是事实，20年后要退保只能退回现金价值。

杨某于是向保险监管机构投诉。经调查了解，杨某投保情况属实。杨某诉称代理人汪某曾承诺20年后可以拿回本金，但汪某坚持当时的说法是20年后退保可以拿回现金价值。根据保险条款，杨某投保的保单在第20年的现金价值少于所缴纳的保险费。

【案例分析】

本案是由消费者因轻信代理人口头承诺而购买保险所引起的投诉与争议。

（1）在购买前应对保险多了解、多咨询。

保险是专业性、技术性较强的商品，通常普通消费者对于保险条款会感到难以理解，因此，消费者切不可只听保险代理人的介绍就盲目购买。在购买前应多向保险专家、保险公司以及专业的经纪公司进行咨询和了解，先对保险原理和知识有一个基本的掌握和理解，然后再对自身的保险需求做出正确的判断，看看是否需要，同时根据自己的缴费能力选择合适的保险产品。只有这样，才能买到称心如意的保险，真正做到明明白白买保险。

在本案中，杨某投保的万全健康终身保险是一种保障健康的终身保险，主要保障的是被保险人患病后的权益，一旦患上合同约定的疾病，被保险人就能享受保险公司给付的保险金。同时，由于它属于长期的终身保险，在保险期内会产生现金价值，这部分现金价值就是投保人在中途退保时所能获得的款项。积累到一定阶段后，保险的现金价值有可能接近所缴纳的保险费（即汪某所说的本金），但是在本案中，投保人缴纳20年保险费后所产生的现金价值比其本金少，20年后可拿回本金的说法是不成立的。

（2）保险代理人口头承诺的法律效力。

从消费者投保的一般过程来看，投保人填写投保单要求投保某保险是要约，保险公司经过核保同意承保是承诺，因此，保险代理人在投保前的介绍以及口头承诺等只是代表保险公司向消费者发出的要约邀请，并不具有法律约束力。因此，代理人的口头承诺不可听信，否则一旦引起纠纷，保险公司会以只是代理人的口头承诺而不是要约邀请为由不予认可。

（3）要求保险代理人将承诺变成书面形式。

口头承诺往往不易确定，具有多变性，不仅难以举证，而且难以查实，一旦引起纠纷，代理人往往不予承认或改变说法，使消费者无法更好地维护自己的合法权益。在本案中，杨某诉称代理人汪某承诺20年后可以拿回本金，但汪某却坚持当时的说法是20年后退保可以拿回现金价值，令人难以确定谁说的是真的。

因此，建议消费者对代理人的介绍及承诺等须在保险条款中逐项核实，如果保险条款中没有表述或者表述不清，可要求代理人以书面形式将承诺固定下来或做出说明，取得有利证据，以便将来更好地维护自己的合法权益。

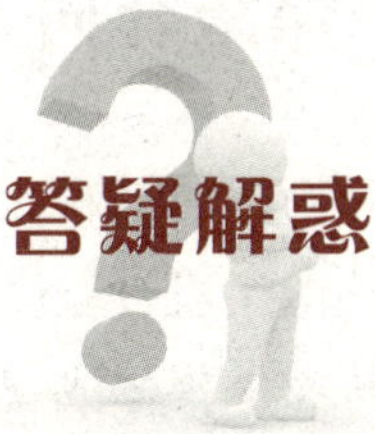

答疑解惑

Q1：买多少保险比较合适？

买保险应遵循量力而行的原则。投保是指对财产、人身、责任及权益等具有保险利益的自然人或法人，通过购买保险与保险人建立保险合同关系的行为。投保人要根据自己的经济能力，量力而行。如选择年缴的，保费一般以家庭年收入的10%～20%为宜，保额（发生了保险事故后保险公司给付的赔款额）以年收入的10～20倍较合适。

Q2：为什么投保要订立保险合同？

保险是一种经济关系，这种经济关系是通过合同的订立来确定的。保险专门对不确定事件造成的经济损失给予赔偿。风险是否发生，何时发生，其损失程度如何，均具有较大的随机性。保险的这一特性要求保险公司与投保人应在确定的法律或契约关系的约束下履行各自的义务，行使各自的权利。倘若不具备在法律上或合同上规定的各自的权利与义务，那么，保险就难以成立。

因此，订立合同是保险得以成立的基础要素，是保险成立的法律保证。

Q3：哪些情况下保险合同无效？

有下列情形之一的，保险合同无效：

（1）一方以欺诈、胁迫的手段订立保险合同，损害国家利益。

（2）恶意串通，损害国家、集体或者第三人利益。

（3）以合法形式掩盖非法目的。

（4）损害社会公共利益。

（5）违反法律、行政法规的强制性规定。

如果保险合同是因重大误解订立的或者在订立保险合同时有失公平的，一方有权请求人民法院或者仲裁机构变更或者撤销。

Q4：如何处理无效保险合同？

无效保险合同的处理方式依保险合同无效的影响程度不同而不同。

（1）对一般的无效保险合同采取返还财产的方式，即保险人将收取的保险费退还给投保人，或被保险人将保险人赔付的保险金退还给保险人。

（2）对给当事人造成损失的无效保险合同采取赔偿损失的方式，即按照过错原则由有过错的一方向另一方赔偿，如果双方均有过错，则相互赔偿。

（3）对故意违反国家利益和社会公共利益的保险合同采取追缴财产的方式，即追缴故意违反国家利益和社会公共利益的一方已经通过保险合同取得和约定取得的财产，收归国库。

Q5：怎么缴付保险费？

保费的付款方式有代理人上门收取、保户到保险公司（经保险监督管理机构批准设立，并依法登记注册的商业保险公司）营业厅柜面直接缴纳、由银行或邮政网点代收等形式，但续期保费一般采取银行代收的方式。若直接付款给代理人，应要求其当场开具保险费暂收收据，在此收据上签署代理人的姓名和代码。

一般情况下，如投保一个月后还未收到保险公司的正式保险单，应向保险公司查询。收到保险单后，应当场审核，如发现错漏之处，有权要求保险公司及时更正。

Q6：如何利用犹豫期规定？

为确保客户投保纯属理性和自愿行为，保险公司会为新客户提供一段犹豫期，让其对自己的投保行为做出冷静的考虑。犹豫期一般为投保人签收保单后的十天内。在犹豫期内，投保人有权要求解除保险合同，保险公司在扣除工本费（一般为10元）后将全额退还已收保费。投保人收到保单正本后应认真阅读保险责任、缴费方式、保险赔偿或给付办法、责任免除等重要条款，如发现保单条款规定与保险计划书或代理人口头陈述不符，或者经冷静考虑后认为自己投保的险种、期限、费率等不合适，就应尽快在犹豫期内解除合同，以免造成不必要的损失以及非故意的、非预期的、非计划的经济价值的损失和人身伤害。

Q7：赴港买保险有哪些风险因素？

赴港买保险可能会碰到以下一些风险因素：

（1）汇率风险。

到香港买保险，要考虑到汇率变动的风险。保险是现在买的，但要等到未来才能用。这一过程可能是二十年、三十年甚至更长时间。未来汇率的走势不明确，有可能升值，也有可能贬值，如果贬值就划不来了。

（2）法律风险。

假如投保人和保险人之间有争议，很可能要诉诸法律。一来香港打官司费用很高，二来香港的法律跟内地的法律是不同的法系。消费者要提前做好心理准备。

（3）产品风险。

保险公司也是企业，既然是企业就有寿命周期，要考虑到在什么样的保险公司买保险比较合适。

投保指南

一、有社会保险的三口之家如何规划保险

【投保背景】

28岁的小徐是公务员，她的的丈夫小周今年29岁，是互联网公司的工程师，夫妻俩有一个2岁的儿子。家庭年收入税后为25万元左右，因为房子买得早，扣除公积金，每月房贷为3000元。除去他们的日常生活开销、人情往来、一年一次的家庭旅游，每年大概有15万元的结余。小徐和小周在单位都有医保，孩子满月后有少儿医保。

【投保需求】

全家无任何商业保险，想获得更好的保障。

【投保分析】

从小徐一家的情况来看，主要考虑的风险有三类：第一类是万一有人患病或者发生意外，家庭需要支出高昂的治疗费用；第二类是万一家庭的经济支柱发生不幸事故，其他成员可能会失去生活保障；第三类是现有的家庭财产，例如房产账户资金受到损失。

对于以上这些风险可进行匹配管理：通过可报销的商业医疗险和确诊即给付的重疾险来降低支付高昂治疗费用的风险；通过定期寿险来降低经济支柱万一发生不幸，家里其他人会失去生活保障的风险；通过家财险和个人账户安全险来降低现有家庭财产受损的风险。

【投保建议】

（1）小周的保险方案。

①重疾险。关于保障期限，因为家庭经济条件允许，趁着现在身体健康，所以就直接选了保终身的类型。关于保额，除了要考虑治疗本身的支出外，作为家庭经济支柱，最好还要预留两年左右的年收入。综合考虑，小周选了一款40万元保终身的健康险。

②医疗险。选择医疗险是为了弥补医保的不足，万一患了重疾险范围外的疾病也能报销，且有更高的报销额度，还能报销进口药品、器械。

③意外险。市面上的医疗险都是1万元免赔额，日常意外可以通过意外险的意外医疗保障去覆盖。所以，小周选了含2万元意外医疗保障、包含自费药的综合意外保险。

④定期寿险。从现阶段来看，还不涉及财富传承的问题，要考虑的是万一小周发生不幸事故，妻子和孩子生活保障的问题，因此，小周选的是保至70岁的定期寿险，保额也以年收入的2倍左右来确定。

（2）小徐的保险方案。

小徐的方案与丈夫的方案考虑基本一致，重疾险和寿险保额比小周低10万元，加上小徐比小周小1岁，女性的费率也比男性低，所以小徐的总费用少了50%以上。

（3）儿子的保险方案。

①重疾险。关于重疾险的类型的选择，给孩子的重疾险主要关注其未来二十多年的成长过程，而待孩子成年，有经济收入后，可以自己来配置未来的保障。因此，夫妻俩给孩子选的是保三十年的定期重疾险。关于保额，最好是30万元以上。他们选的是在第三年，保额会增长到45万元，前两年的保额不高，此时可以用商业医疗保险来报销治疗费用。

②医疗险。商业医疗险可以弥补少儿医保无法覆盖的范围，所以最需关注最高限额是多少，报销范围是不是覆盖非医保用药、进口器械等。因此，夫妻俩给孩子选的是可以报销医保外的用药的保险产

品，这样不用担心万一孩子患病用不起效果更好的进口药的问题。

③意外险。2岁正是活泼好动的年纪，因为现在市面上的医疗险都是1万元的免赔额，所以小磕小碰可以通过意外险的意外医疗保障去覆盖。综合考虑，他们选了一款含2万元意外医疗保障、包含自费药的综合意外保险。

（4）家庭财产保险方案。

①房屋家财险。在南方需要担心台风和暴雨，所以经过多方对比，他们选了一款可以承保台风、暴雨、地震等多种自然灾害的家财险，保额基本与目前房产的市场价相当。

②账户安全险。

因为手头上还有些流动性比较强的投资，所以他们选了一份账户安全险。保费一年为100元，换份安心。

总的来看，小徐一家年度保费合计为19293元。从保障的全面程度来看，其覆盖了小徐一家现阶段面临的主要风险。从保障的充足程度来看，各种风险基本做到额度充足。从预算投入的合理性来看，保费在年度税后收入中占比近7%，即使是在年度净资产结余中占比也只有12.9%，每年小徐一家承受的经济压力并不算大。

二、没有社会保险的家庭如何规划保险

【投保背景】

35岁的小何是个生意人，在东北做建材生意有七八年了，需要常年出差，目前有40多万元的年收入。几年前，他在家人的介绍下和梅梅认识，并很快结婚生子。由于上有老下有小，他没让妻子梅梅出去工作，而是在家带小孩和照顾老人。

现在孩子已满4岁，准备上幼儿园了。加上赡养父母的费用，这个家庭的每月开销在1.8万元左右。

【投保需求】

由于全家人既没有社会保险，也没有任何商业保险，因此，作为家里唯一的劳动力，小何希望给家庭做一个保险规划。

【投保分析】

小何至今没有任何社会保险和商业保险，而且常年出差，患上疾病和遭遇意外事故的风险要比常人高，需要购买高额的寿险、意外险、重疾险等保障类保险以及储备养老金。妻子梅梅虽然作为家庭主妇，没有承担家庭经济责任，但是也需要购买相应的保险及储备养老金，以备不时之需。

【投保建议】

小何一年有超过40万元的收入，按照保险支出占家庭年收入10%的原则，小何一家每年保费为4万多元较为适宜。投保时需遵循的一般原则有：

第一，大人优先的原则。

第二，保费应占整个家庭年收入的10%左右。

第三，附加保险豁免功能。

第四，缴费期不宜太长。

第五，儿童生命保障类保险累计保额不能超过10万元。

三、积极备孕的家庭如何规划保险

【投保背景】

章先生，30岁，工作稳定，年薪15万元，有社保。章太太，28岁，从事个体私营工作，月收入5000元，无社保。家庭的银行存款为20万元；有房产1套，市值为200万元，月供为3300元，贷款期为二十年。家庭生活开销每月3000元，预计2019年10月底将买一辆车，价值15万元。两人还没有小孩，正在积极备孕中。

【投保需求】

（1）若在2019年10月底贷款买一辆车，车险怎么买？

（2）章太太、章先生的健康保障。

（3）小孩出生后的保障。

【投保分析】

章先生一家是当代诸多小家庭的缩影：婚姻刚刚起步，准备孕育新的生命。收入在未来一段时间内还会有上升空间，但随着宝宝的降生，生活也会面临更大的挑战。那么，如何分配家庭资产就变得尤为重要。

【投保建议】

根据“双10”原则，保费是年收入的10%～20%，章先生家保费支出每年为21000～42000元；保额是年收入的5～10倍，章先生的保额为75万～150万元，章太太的保额为31万～60万元。

（1）车险。

车险应有车辆损失险、第三者责任险、车上人员险、涉水险及全车盗险，避免因交通事故遭受不必要的损失。

（2）健康险。

章先生是家里的经济支柱，可考虑如下健康险方案。

<table>
<tr><th>产品类型</th><th>基本保险金额</th><th>缴费年限</th><th>保费金额（预估）</th></tr>
<tr><td>终身寿险</td><td>51万元</td><td rowspan="2">30年</td><td rowspan="5">13700元左右</td></tr>
<tr><td>重疾险（含轻症）</td><td>50万元+轻症10万元</td></tr>
<tr><td>意外险</td><td>30万元</td><td rowspan="2">30年</td></tr>
<tr><td>意外医疗险</td><td>2万元</td></tr>
<tr><td>住院医疗险（含自费）</td><td>300万元</td><td>续保至99岁</td></tr>
</table>

章太太无社保，对于医疗费用及养老金要及时做规划，可考虑如下方案。

<table>
<tr><th>产品类型</th><th>基本保险金额</th><th>缴费年限</th><th>保费金额（预估）</th></tr>
<tr><td>养老补充两全保险</td><td>5万元</td><td>20年</td><td rowspan="6">11600元左右</td></tr>
<tr><td>终身寿险</td><td>31万元</td><td rowspan="4">30年</td></tr>
<tr><td>重疾险（含轻症）</td><td>30万元+轻症6万元</td></tr>
<tr><td>意外保险</td><td>20万元</td></tr>
<tr><td>意外医疗险</td><td>2万元</td></tr>
<tr><td>住院医疗险（含自费）</td><td>300万元</td><td>续保至99岁</td></tr>
</table>

不久后宝宝会幸福地降临，给这个温馨的小家庭带来更多的乐趣，同时这个家也要承担更多的责任，宝宝的健康医疗费用成为必须要做的规划之一。有了保护伞，宝宝会更加平安地成长。可考虑如下方案。

<table>
<tr><th>产品类型</th><th>基本保险金额</th><th>缴费年限</th><th>保费金额（预估）</th></tr>
<tr><td>少儿终身寿险</td><td>41万元</td><td rowspan="7">20年</td><td rowspan="7">8000元左右</td></tr>
<tr><td>少儿重疾险（含轻症）</td><td>40万元+轻症8万元</td></tr>
<tr><td>恶性肿瘤险</td><td>40万元</td></tr>
<tr><td>定期寿险</td><td>10万元</td></tr>
<tr><td>意外险</td><td>10万元</td></tr>
<tr><td>意外医疗险</td><td>2万元</td></tr>
<tr><td>住院医疗险</td><td>6万元</td></tr>
</table>

备注：以上三个方案，章先生均为投保人，被保人分别为章先生、章太太以及未来出世的孩子。

四、计划生二胎的家庭（年入30万元）如何规划保险

【投保背景】

32岁的雷先生月收入为17000元，妻子月收入为8000元，夫妻俩均有五险一金。儿子5岁半，上幼儿园大班，买了一份少儿两全分红险，每年需缴保费3400元。

2013年末，贷款25万元买了120平方米的商品房（市值为370万元），每月还款1600元，至今仍空置。现一家三口跟父母一起住。2014年，全款购买了一套45平方米的小产权房（市值为60万元）。

目前有一辆汽车，因为刚买了套房存款只剩10万元。一家人每个月的生活费约为5000元，其他支出每年为3万元。

【投保需求】

（1）夫妻俩准备再要一个孩子，同时给两个小孩准备教育金。为两个孩子投保，主险保额为15万元左右。

（2）夫妻俩目前需要补充重疾险，保额要涵盖未来房屋贷款余额、父母赡养费用以及孩子的成长教育费用等。

【投保分析】

雷先生夫妇每月收入为25000元，家庭年收入达到30万元，年结余约为22万元，非常可观，为生二胎、装修房屋、投资商铺、提前退休这些目标的达成奠定了非常好的基础。但考虑到以后会有两个孩子，生活各项支出都会增加，此外，投资一家好的商铺需要一笔数目不小的资金，建议雷先生夫妇前期应重点做好财富积累工作，同时，孩子的教育金和两人的养老金规划也是重中之重。

【投保建议】

（1）建议夫妻二人各投保一份30万元的重疾险，缴费期限20年，保障至55周岁，选择月缴保费的形式。

（2）孩子的教育金是雷先生必须要提前准备好的，教育金有三个特点，即不能等、不能停和不能赔。投资一份教育金保险，不仅能让孩子在成长过程中获得重疾及意外方面的保障，还能让孩子在上大学、就业、成家时分别得到一笔丰厚的教育金、创业金和满期金。

以市面上一款少儿教育金产品为例，主险保额为15万元，附加险保额为30万元，每月的保费合计约为3000元，连续缴纳8年，孩子到18岁、22岁和25岁时可分别领取45000元、45000元和75000元，用来填补不同时期的支出。若孩子不幸罹患21种重大疾病中的一种，可获得30万元的保险金。若雷先生在缴费期间内身故或全残，则豁免以后各期保险费，且保单还继续有效，保险利益不受任何影响，子女教育金规划可如期实现。

第六章 慎重对待保险

保险箴言

保险是对未来的规划

老来幸福的人生，才是圆满的人生。买保险就像养了一个孝顺的儿子，可以照顾您的生活，保障您的安全，让您拥有风光、体面的老年生活。

要点解析

一、保险理赔的概念

保险理赔，是指在保险标的作为保险对象的财产及其有关利益或者人的寿命和身体发生风险事故后，保险人对被保险人或受益人提出的索赔要求进行处理的行为。

1. 保险理赔的意义

保险理赔并不等于支付赔款，但是保险理赔对于保险人来说具有重要的意义。具体如下图所示。

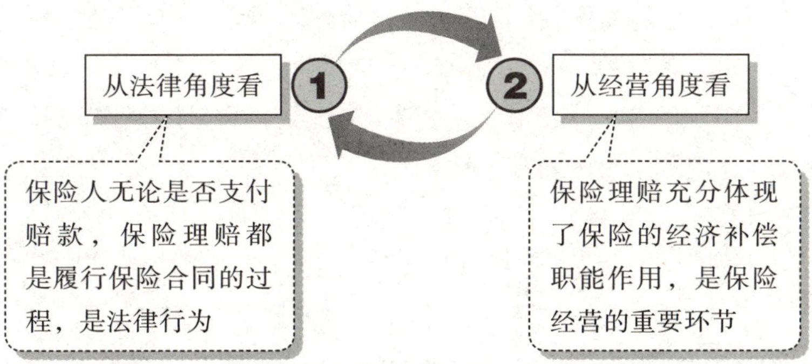

保险理赔的意义

2. 保险理赔的作用

保险理赔是整个保险环节中最重要的一个程序，是指保险公司对被保人发生合同责任范围内的意外、身故、残疾、疾病及人身和财产损失履行经济补偿义务，具有下图所示的作用。

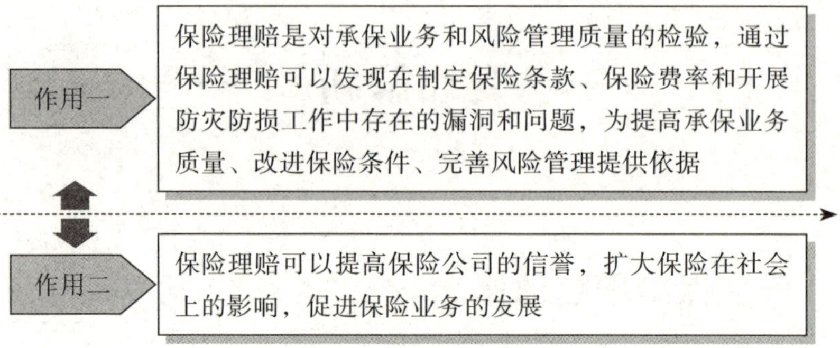

保险理赔的作用

二、寿险理赔的流程

从保险事故的发生到保险人做出赔款决定再到被保险人或受益人领到保险金的整个过程，需要经过一系列工作环节和处理流程。在通常情况下，一个索赔案件的处理一般要经过下图所示的7个环节。每个环节都有不同的处理要求和规定，以保证保险人要求投保人或被保险人对某一事项的作为或不作为、某种事态的存在或不存在做出的许诺的有效性，使理赔有序和高效地进行。

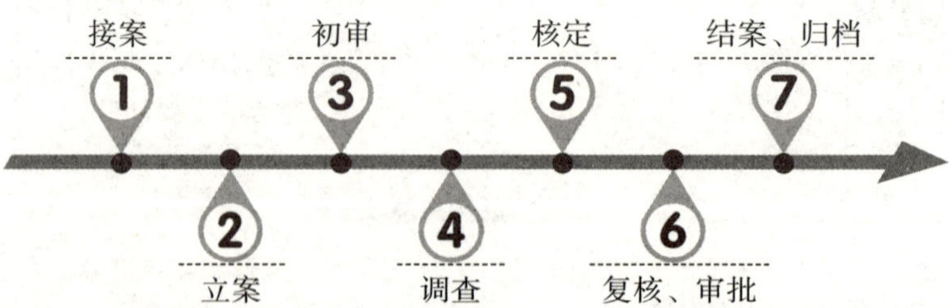

寿险理赔的流程

1. 接案

接案是指发生保险事故后，保险人接受客户的报案和索赔申请的过程。

（1）报案。

报案是指保险事故发生后，投保人或被保险人、受益人通知保险人的行为。《中华人民共和国保险法》第二十一条规定：“投保人、被保险人或者受益人知道保险事故发生后，应当及时通知保险人。故意或者因重大过失未及时通知，致使保险事故的性质、原因、损失程度等难以确定的，保险人对无法确定的部分，不承担赔偿或者给付保险金的责任，但保险人通过其他途径已经及时知道或者应当及时知道保险事故发生的除外。”

①报案的方式。

报案人可以采用多种方式将保险事故通知保险人，如下图所示。

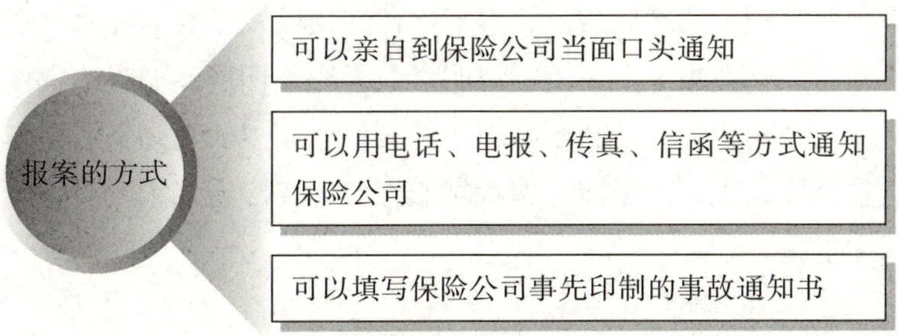

报案的方式

报案的目的是将保险事故信息及时传递给保险公司，以便保险公司采取相应措施及时处理。

②报案的内容。

报案人应在保险条款规定的时间内，及时将有关的重要信息通知保险公司的接案人。报案时需要提供的信息包括下页图所示的内容。

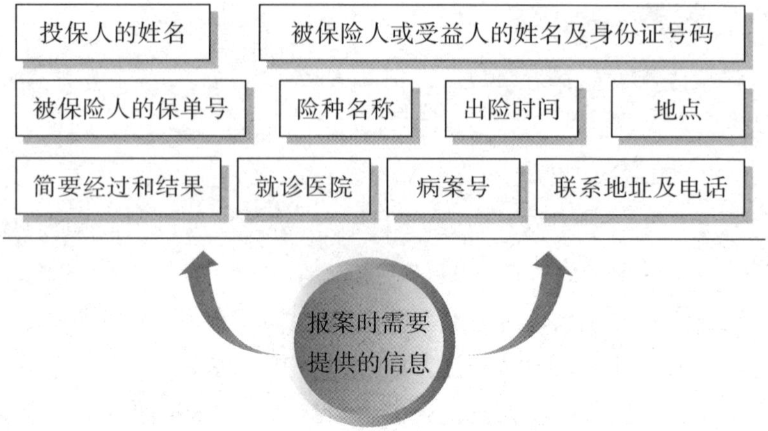

报案时需要提供的信息

③接案的要求。

接案人对报案人提供的信息应做好登记，准确记录报案时间，并引导和询问报案人以尽可能掌握必要的信息。接案人应根据所掌握的案情，依据相关的理赔规定，判断案件性质以及是否需要采取适当的应急措施，并在报案登记表中注明。对于应立即展开调查的案件，如预计赔付金额较大、社会影响较大的案件，应尽快通知理赔主管及调查人员展开调查；对于应保留现场的案件，还应通知报案人采取相应的保护措施。

（2）索赔申请。

索赔是指保险事故发生后，被保险人或受益人依据保险合同向保险人请求赔偿损失或给付保险金的行为。报案只是将保险事故及时通知保险公司，是客户应履行的义务，并不等同于保险索赔。

保险贴士

报案是投保人、被保险人或受益人应履行的义务，索赔是保险事故发生后被保险人或受益人应行使的权利。

①对索赔申请人资格的要求。

索赔申请人是对保险金具有请求权的人，像被保险人、受益人。

比如，人身保险中身故保险金给付应由保险合同约定的身故受益人提出申请。没有指定受益人时，则由被保险人的法定继承人作为申请人提出申请。如果受益人或继承人是无民事行为能力者，则由其法定监护人提出申请。人身保险中被保险人在生存状态下的保险金给付申请，如伤残保险金给付、医疗保险金（津贴）给付、重疾保险金给付，受益人均为被保险人本人，应由被保险人本人提出申请。如被保险人是无民事行为能力者，则由其法定监护人提出申请。

②索赔时效。

保险事故发生后，被保险人或受益人必须在规定的时间内向保险人请求赔偿或给付保险金，这一期间称为“索赔时效期间”。在索赔时效期间内，被保险人或受益人享有向保险人索赔的权利。超过索赔时效期间以后，被保险人或受益人向保险人索赔的权利丧失，保险人对索赔不再受理。

《保险法》第二十六条对索赔时效做了规定：“人寿保险的被保险人或者受益人向保险人请求给付保险金的诉讼时效期间为五年，自其知道或者应当知道保险事故发生之日起计算。”

③索赔的举证责任。

索赔的举证责任是指索赔权利人向保险人索赔时应承担提供证据的义务，证明保险事故已经发生，保险人应当承担赔偿或给付保险金的责任。

《保险法》第二十二条规定：“保险事故发生后，按照保险合同请求保险人赔偿或者给付保险金时，投保人、被保险人或者受益人应当向保险人提供其所能提供的与确认保险事故的性质、原因、损失程度等有关的证明和资料。

保险人按照合同的约定，认为有关的证明和资料不完整的，应当及时一次性通知投保人、被保险人或者受益人补充提供。”

经典案例

未及时索赔，家属起诉险企被驳回

【案例背景】

2016年9月12日，戴先生在驾车路上车头右侧撞到道路的水泥防护墩，造成车辆损坏。由于没有第三者受伤，戴先生感觉身体也没有任何外伤，就没有报警处理，也没有到医院就医，只是联系亲戚将自己送回家中。到家不久，戴先生就觉得头有点晕，身体不舒服，家人见状连忙拨打“120”急救电话。因为戴先生平时身体健康，无任何疾病，家人以为他是喝醉了，事后才知不是喝醉，而是之前发生过事故。不幸的是，戴先生经抢救无效于当晚去世。

办完丧事，家人在整理戴先生的遗物时，发现其生前在某保险公司投保的意外伤害综合保险保单。原来，2016年6月，戴先生在某保险公司购买了一份保险，并签订了意外伤害综合保险保单，保险金额为19万多元，保险费为398元，保险期间自2016年6月29日0时起至2017年6月20日24时止。戴先生的家人认为，保险公司应当赔付戴先生意外伤害身故保险金。然而，保险公司却迟迟没有支付赔偿金。2017年9月，戴先生的家人将该保险公司起诉到人民法院。庭审中，保险公司辩称，本案中戴先生是猝死，并不能证明他是因交通事故意外去世，根据保险合同约定，属于保险责任免除范围。因此，保险公司不承担给付保险金责任。

【案例分析】

关于戴先生猝死是否构成保险事故，保险公司是否应当承担保险责任的问题，法院认为，由于戴先生在发生交通事故后没有到医院检查，家人在其去世后未对其进行尸检，致使无法查清其在事故中是否受到伤害以及所受伤害是否直接导致身故，此不利后果应由家属承担。因此，家人主张其是因意外伤害身故的理由不成立，要求保险公司给付意外伤害身故保险金的诉请，法院不予支持。

事实上，很多人虽然购买了意外保险，但是对意外保险的理赔条件及赔偿范围并不是很了解。所谓意外保险是指投保人向保险公司缴纳一定金额的保费，当被保险人在保险期间内遭受意外伤害，并以此为直接原因造成死亡或残废时，保险公司按照保险合同的约定向被保险人或受益人支付一定数量的保险金的保险。

意外保险理赔规定较为严格，条件有三个，缺一不可。首先须是外来因素造成的，这是指由被保险人身体外部原因造成的事故，如车祸、溺水、被歹徒袭击、食物中毒等。其次须是突发状况，指在瞬间发生的事故，没有较长的过程，如落水、触电、跌落等。这一点也是戴先生意外离世却没得到赔偿的原因之一。最后须是非本意的，指被保险人未预料到的事故，如飞机坠毁等。

在保险事故发生后，应及时通知投保的保险公司，收集并提供与确认保险事故的性质、原因、损失程度等有关的证明和资料，供保险公司做出核定。

2. 立案

立案是指保险公司核赔部门受理客户索赔申请，进行登记和编号，使案件进入正式的处理阶段的过程。

（1）索赔资料的提交。

申请人按照一定的格式要求填写索赔申请书，并提交相应的证明和资料给保险公司；如果申请人不能亲自到保险公司办理，需要委托他人代为办理，受托人还应提交申请人签署的理赔授权委托书。

（2）索赔资料受理。

保险公司的受理人在审核材料后，在一式两联的理赔资料受理凭证上注明已接收的证明和资料，注明受理时间并签名，一联留存公司，一联交申请人存执，以作为日后受理索赔申请的凭据。受理人如发现证明材料不齐，应向申请人说明原因，并通知其尽快补齐证明材料。

（3）立案条件。

要进行立案处理的索赔申请必须符合如下条件：保险合同责任范围内的保险事故已经发生；保险事故在保险合同有效期内发生；在《中华人民共和国保险法》规定的期限内提出索赔申请；提供的索赔资料齐备。

（4）立案处理。

对经审核符合立案条件的索赔申请进行立案登记，并生成赔案编号，记录立案时间、经办人等情况，然后将所有资料按一定顺序存放在案卷内，移交到下一个工作环节进行处理。

3. 初审

初审是指核赔人员对索赔申请案件的性质、合同的有效性进行初步审查的过程。初审的要点如下图所示。

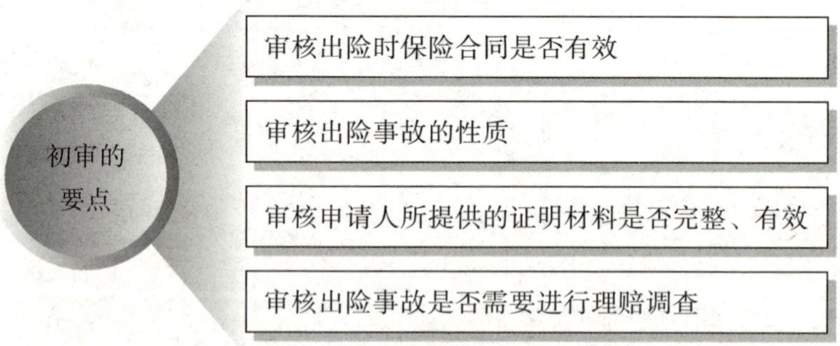

初审的要点

（1）审核出险时保险合同是否有效。

初审人员应根据保险合同、最近一次缴费凭证或缴费记录等材料，判断申请索赔的保险合同在出险时是否有效，要特别注意出险日期前后，保险合同是否有复效或其他变动的处理。

（2）审核出险事故的性质。

初审人员还应该审核出险事故是否在保险责任条款约定的范围之内、是否属于保险合同责任免除条款约定的范围或是否符合约定的免责规定。

（3）审核申请人所提供的证明材料是否完整、有效。

审核申请人所提供的证明材料是否完整、有效的步骤如下图所示。

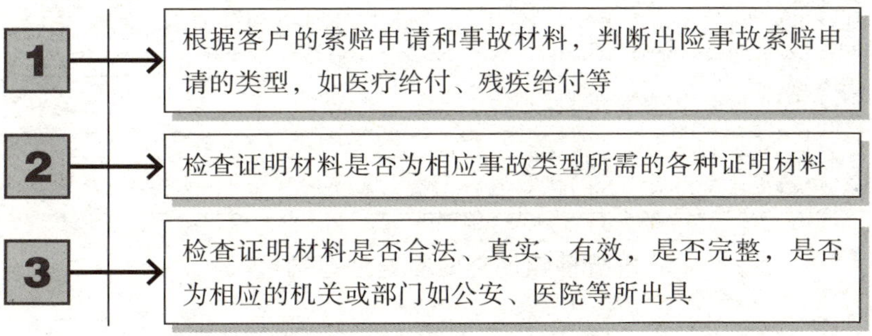

审核申请人所提供的证明材料

（4）审核出险事故是否需要进行理赔调查。

初审人员应根据申请人提供的证明材料以及案件的性质、案情的状况等信息判断该案件是否需要进行理赔调查，并依据判断结果分别做出相应处理。具体措施如下图所示。

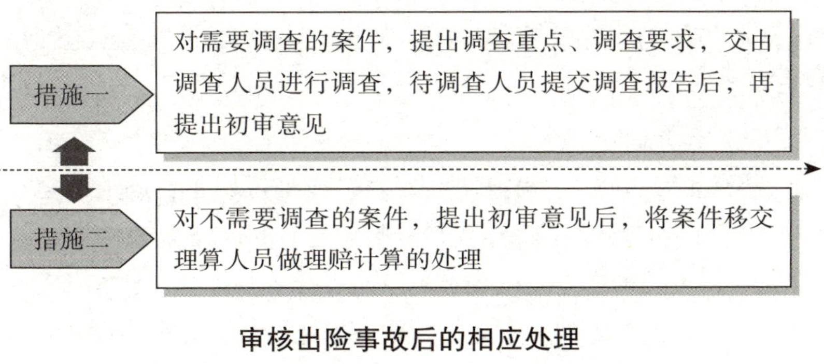

审核出险事故后的相应处理

4. 调查

理赔调查在理赔处理中占有重要的位置，对理赔处理结果是有决定性的影响。调查就是对客观事实进行核实和查证的过程，进行理赔调查时需要注意下图所示的几个方面。

01 调查必须本着实事求是的原则

02 调查应力求迅速、准确、及时、全面

03 调查人员在查勘过程中禁止就理赔事项做出任何形式的承诺

04 调查应遵循回避原则

05 调查完毕应及时撰写调查报告，真实、客观地反映调查情况

进行理赔调查时需要注意的事项

5. 核定

核定是对索赔案件做出给付、拒付、豁免处理和对给付保险金额进行计算的过程。理赔人员在对案卷进行理算前，应审核案卷所附资料是否足以做出正确的给付、拒付处理。如资料不完整，应及时通知补齐相关资料；对资料尚有疑义的案件，需通知调查人员进一步调查核实。理赔人员应根据保险合同以及类别进行理赔计算，缮制理赔计算书和理赔案件处理呈批表。具体地说，核定的内容包括以下四点。

（1）给付。

对于正常给付的索赔案件的处理，应根据保险合同的内容、险种、给付责任、保额和出险情况等计算出给付的保险金额。

比如，身故保险金应根据合同中的身故责任进行计算；伤残保险金应根据伤残程度及鉴定结果按规定比例计算；医疗保险金则应根据客户支付的医疗费用进行计算。

（2）拒付。

对应拒付的案件，理赔人员做拒付确认，并记录拒付处理意见及原因。对于由此终止的保险合同，应在处理意见中注明，并按条款约定计算应退还的保费或现金价值以及补扣款项的金额；对于继续有效的保险合同，应在处理意见中注明，将合同置为继续有效状态。

（3）豁免。

对于应豁免保费的案件，理赔人员应做豁免的确认，同时将合同置于豁免保费状态。

（4）理赔计算。

理赔计算的结果直接涉及客户的经济利益，因此必须保证准确无误。同时在理赔计算中涉及补扣款的项目，须一并计算。在进行理赔计算时应扣款的项目包括下图所示的内容。

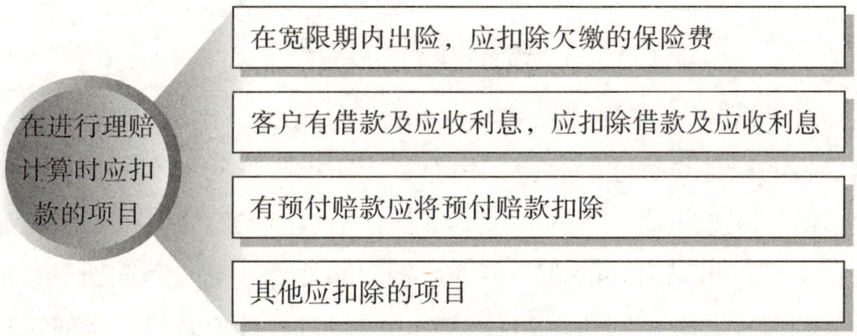

在进行理赔计算时应扣款的项目

在进行理赔计算时补扣款项目包括：预缴保险费；未领取满期保险金；未领取红利、利差等其他应补款项目。

6. 复核、审批

复核是核赔业务处理中一个具有把关作用的关键环节。通过复核，能够发现业务处理过程中的疏忽和错误并及时予以纠正；同时，复核对核赔人员也具有监督和约束的作用，能够防止核赔人员由于个人因素对核赔结果产生影响，保证核赔处理的客观和公正。因此，复核也是核赔部门内部风险防范的一个重要环节。复核的内容及要点如下图所示。

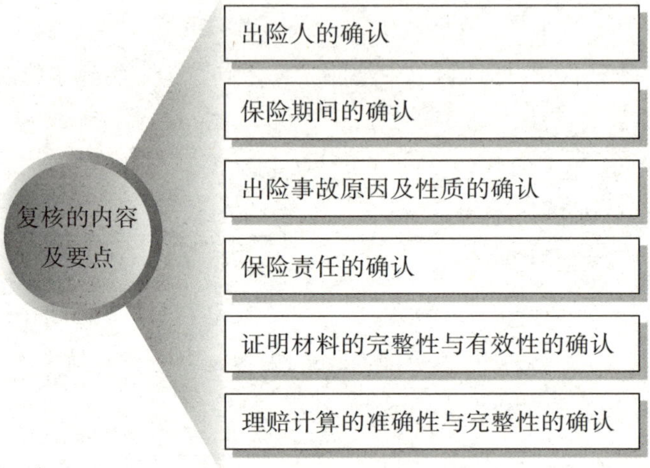

复核的内容及要点

审批是根据案件的性质、给付金额、核赔权限以及审批制度对已复核的案件进行逐级呈报，由有相应审批权限的主管进行审批的环节。对于一些重大、特殊、疑难案件，需成立赔案审查委员会对案件进行审理。根据审理的结果，进行相应的处理。批复需重新进行理赔计算的案件，应退回由理赔计算人员重新进行理赔计算；批复需进一步调查的案件，应通知调查人员继续调查；批复同意的案件，则移交下一个环节。

7. 结案、归档

首先，结案人员应根据理赔案件呈批的结果，编制给（拒）付通知书或豁免保险通知书，并寄给申请人。

拒付案件应注明拒付原因及保险合同效力终止的原因。如有退费款项，应同时在通知书中予以反映，并注明金额及领款人，提示领款人前来领款。给付案件应注明给付金额、受益人姓名，提示受益人凭相关证件前来办理领款手续。领款人凭给（拒）付通知书和相关证件办理领款手续，保险公司应对领款人的身份进行确认，以保证保险金正确支付给合同规定的受益人。领款人可以通过现金、现金支票、银行转账或其他允许的方式领取应得款项，并由保险公司的财务部门按规定支付相应金额的款项。

其次，结案人员应根据保险合同效力是否终止，修改保险合同的状态，并加上结案标识。

最后，结案人员应将已结案的理赔案件的所有材料按规定的顺序排放，并按业务档案管理的要求进行归档管理，以便将来查阅和使用。

三、非寿险的理赔流程

非寿险理赔的程序主要包括接受损失通知、审核保险责任、进行损失调查、赔偿保险金、损余处理及代位求偿等步骤。

1. 接受损失通知

损失通知是指保险事故发生后，被保险人或受益人将事故发生的时间、地点、原因及其他有关情况以最快的方式通知保险人，并提出索赔请求的环节。发出损失通知是非寿险被保险人必须履行的义务。

（1）损失通知的时间要求。

根据险种不同，损失通知通常会有时间要求。

比如，被保险人在保险财产遭受保险责任范围内的盗窃损失后，应当在24小时内通知保险人，否则保险人有权不予赔偿。

此外，有的险种没有明确的时限规定，只要求被保险人在其可能做到的情况下，尽快将事故损失通知保险人，如果被保险人在法律规定或合同约定的索赔时效内未通知保险人，可视为其放弃索赔权利。

《保险法》第二十六条规定："人寿保险以外的其他保险的被保险人或者受益人，向保险人请求赔偿或者给付保险金的诉讼时效期间为二年，自其知道或者应当知道保险事故发生之日起计算。”

（2）发出损失通知的方式。

被保险人发出损失通知的方式可以是口头的，也可用函电等其他形式，但随后应及时补发正式的书面通知，并提供各种必需的索赔单证。如保险单、账册、发票、出险证明书、损失鉴定书、损失清单、检验报告等。如果损失涉及第三者责任时，被保险人还须出具权益转让书给保险人，由保险人代为行使向第三者责任方追偿的权利。

（3）保险人受理。

接受损失通知意味着保险人受理案件，保险人应立即将保险单与索赔内容进行详细核对，并及时向主管部门报告，安排现场查勘等事项，然后将受理案件登记编号，正式立案。

经典案例

家中被盗应及时报案

【案例背景】

赖先生出差回家发现家里被盗，第一时间拨打“110”报警。十日后，赖先生突然想起自己购买过家庭财产保险，遂打电话通知保险公司。保险公司了解情况后，以在出险后未及时通知为由拒绝赔偿。

【案例分析】

投保人在投保家庭财产保险时一定要看清楚保险合约的条款。一般条款里都会有“及时通知”的概念，这个概念是指在家庭财产保险案发生后24小时内，尽快通知保险公司，以便保险公司及时到现场勘查定损。赖先生未在规定时间内通知保险公司，的确属于免责范围。因此在购买保险后，消费者要保存好自己的保单，也不要忘记已买保险这回事。

2. 审核保险责任

保险人收到损失通知书后，应立即审核该索赔案件是否属于保险人的责任，审核的内容可包括下图所示的几个方面。

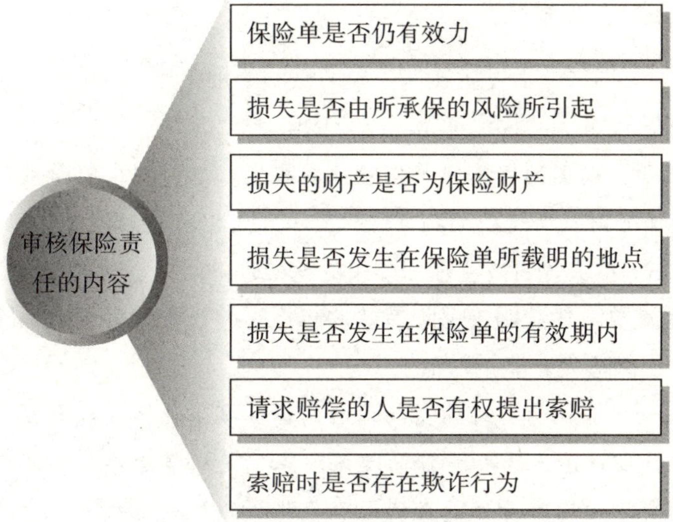

审核保险责任的内容

（1）保险单是否仍有效力。

我国财产保险基本险条款第二十一条规定，被保险人应当履行如实告知义务，否则，保险人有权拒绝赔偿，或在解约通知书送达一定天数后终止保险合同。

（2）损失是否由所承保的风险所引起。

被保险人提出的损失索赔，不一定都是由保险风险所引起的。因此，保险人在收到损失通知书后，应查明损失是否由保险风险所引起。

（3）损失的财产是否为保险财产。

保险合同所承保的财产并非被保险人的一切财产，即使是综合险种，也会有某些财产被列为不予承保的对象。

比如，我国财产保险综合险条款第三条规定，土地、矿藏、水产资源、货币、有价证券等就不属于保险标的范围之内；第二条规定，金银、珠宝、堤堰、铁路等要通过特别约定，并在保险单上载明，否则也不属于保险标的范围。

可见，保险人对于被保险人的索赔财产，必须依据保险单仔细审核。

（4）损失是否发生在保险单所载明的地点。

保险人承保的损失通常有地点的限制。

比如，我国的家庭财产保险条款规定，只对在保险单载明标的范围以内保险财产所遭受的损失，保险人才予以负责赔偿。

（5）损失是否发生在保险单的有效期内。

保险单上均载明了保险有效的起讫时间，损失必须在保险有效期内发生，保险人才能予以赔偿。

比如，我国海洋运输货物保险的保险期限通常是以仓至仓条款来限制的，即保险人承担责任的起讫地点，是从保险单载明的起运地发货人的仓库运输时开始，直到保险单载明的目的地收货人仓库为止，并以货物卸离海轮后满六十天为最后期限。

又如，责任保险通常采取期内发生式或期内索赔式的承保方式。前者是指只要保险事故发生在保险期内，不论索赔何时提出，保险人均负责赔偿；后者是指不管保险事故发生在何时，只要被保险人在保险期内提出索赔，保险人即负责赔偿。

（6）请求赔偿的人是否有权提出索赔。

要求赔偿的人一般都应是保险单载明的被保险人。因此，保险人在赔偿时，要查明被保险人的身份，以确定其有无领取保险金的资格。

比如，对于财产保险合同，要查明被保险人在损失发生时，是否对保险标的具有保险利益；对保险标的无保险利益的人，其索赔无效。

（7）索赔时是否存在欺诈行为。

保险索赔的欺诈行为往往较难察觉，保险人在理赔时应注意的问题有：索赔单证的真实与否；投保人是否有重复投保的行为；受益人是否故意谋害被保险人；投保日期是否先于保险事故发生的日期等。

3. 进行损失调查

保险人审核保险责任后，应派人到出险现场实际勘查事故情况，以便分析损失原因，确定损失程度。

（1）分析损失原因。

在保险事故中，形成损失的原因通常是错综复杂的。

比如，船舶发生损失的原因有船舶本身不具备适航能力、船舶机件的自然磨损、自然灾害或意外事故的影响等。

只有对损失的原因进行具体分析，才能确定其是否属于保险人承保的责任范围。可见，分析损失原因的目的在于保障被保险人的利益，明确保险人的赔偿范围。

（2）确定损失程度。

保险人要根据被保险人提出的损失清单逐项加以查证，合理确定损失程度。

比如，对于货物短少的情况，要根据原始单据、到货数量，确定短少的数额；对于不能确定货物损失数量的，或者受损货物仍有部分完好或经加工后仍有价值的，要估算出一个合理的贬值率来确定损失程度。

（3）认定求偿权利。

保险合同中规定的被保险人的义务是保险人承担赔偿责任的前提条件。如果被保险人违背了这些事项，保险人可以此为由不予赔偿。

比如，当保险标的的危险程度增加时，被保险人是否履行了通知义务；当保险事故发生后，被保险人是否采取了必要的、合理的抢救措施，以防止损失扩大等。

以上这些问题直接影响到被保险人索赔的权利。

4. 赔偿保险金

保险人对被保险人请求赔偿保险金的要求应按照保险合同的规定

办理，如保险合同没有约定，应按照有关法律的规定办理。若损失属于保险责任范围，经调查属实并估算出赔偿金额后，保险人应立即履行赔偿的责任。

保险人可根据保险单类别、损失程度、标的价值、保险利益、保险金额、补偿原则等计算赔偿金额。财产保险合同赔偿的方式通常是货币补偿。不过，在财产保险中，保险人也可与被保险人约定其他方式，如恢复原状、修理、重置或以相同实物进行更换等。

5. 损余处理

一般来说，在财产保险中受损的财产会有一定的残值。如果保险人按全部损失赔偿，其残值应归保险人所有，或是从赔偿金额中扣除残值部分；如果按部分损失赔偿，保险人可将损余财产折价给被保险人以充抵赔偿金额。

6. 代位求偿

如果保险事故是由第三者的过失或非法行为引起的，第三者对被保险人的损失须负赔偿责任。保险人可按保险合同的约定或法律的规定，先行赔付被保险人，然后被保险人应当将追偿权转让给保险人，并协助保险人向第三者责任方追偿。

答疑解惑

Q1：保险公司有哪些售后服务？

保险公司除为被保险人办理理赔，以及提供支付养老金、年金、保单红利和投资收益等服务外，一般还提供以下服务：

（1）为客户更改保险单内容、办理保单迁移等保全事项。

（2）为客户递送保单、提供咨询。

（3）缴费和领取保险金提醒服务。

（4）急难救助服务。

（5）回访服务。

（6）保单及发票遗失补发等。

Q2：忘记缴纳保险费怎么办？

购买保险后应及时缴纳续期的保险费，如果忘了缴费，首先应该检查一下是否在宽限期之内。如果仍在宽限期之内，应尽快缴纳保费；如果超过了宽限期，保单就失效了，需要办理保单复效手续。

Q3：保单遗失了怎么办?

不慎遗失保单后，可由投保人持本人身份证到保险公司柜面进行补办，一般需交工本费10元。

Q4：被保险人改名了怎么办?

如被保险人为未成年人，由监护人持身份证、保险单和被保险人的户口簿原件及派出所出具的变更证明到保险公司办理相关投保手续即可。如被保险人是成年人，则需由本人办理。

Q5：保险到期后如何领取生存金?

保险到期后，被保险人本人凭身份证、保险单、最后一次缴费凭证到保险公司填写一份生存金给付申请书即可从保险公司处领取生存金。

Q6：发生保险事故如何申请理赔?

保险金受益人是指人身保险合同中由被保险人或者投保人指定的享有保险金请求权的人。保险金受益人应在保险事故发生之日起的十个工作日内拨打保险公司全国统一服务电话报案，以便及时获得帮助。此外还可以通过以下方式获得理赔帮助。

（1）通知保险代理人，寻求协助。

（2）若是通过保险公司授权的代理机构购买的，可以向代理机构提交理赔申请，再由代理机构转交给保险公司。

（3）若是通过银行购买的，可以向银行提交理赔申请，再由银行转交给保险公司。

（4）通过保险公司的网上报案系统进行报案。

（5）亲自前往保险公司，客户服务人员将为您解答理赔问题并协助您办理理赔。

Q7：身故理赔需要哪些资料？

身故理赔需要提供的资料（如无特殊说明，所有资料均要求原件）如下：

（1）理赔申请书。

（2）保险合同。

（3）身故保险金受益人的身份证件或户籍证明。

（4）身故保险金受益人与被保险人的关系证明，如户口簿、结婚证、亲属关系证明等。

（5）若未指定受益人或指定受益人先于被保险人身故，请提供法定继承人公证文件。

（6）被保险人的身份证件、医院或公安部门出具的医学死亡证明、户籍注销证明、丧葬证明。

（7）所能提供的与确认保险事故的性质、原因等有关的其他证明文件和资料。

（8）若由意外因素导致身故，请提供意外事故证明。

Q8：非身故理赔需要哪些资料？

非身故理赔需要提供相关的检查检验报告，如核磁共振、CT、B超、X光、心电图、实验室检验报告、病理组织检查报告等。

（1）重症监护室的证明包括重症监护室收费证明、护理记录等。

（2）应提供保险金申请人的身份证件及户籍证明，若保险金申请人为未成年人，由法定监护人代为申请，申请时请提供监护关系证明、监护人的身份证件等资料。

（3）若因意外因素就诊，请提供意外事故证明：公安部门笔录、证明、报警回执；道路交通事故责任认定书、交通事故调解书、机动车驾驶证、机动车行驶证等；工伤事故鉴定报告、单位工伤事故报告等；其他材料。

（4）申请豁免保险费时需同时提供投保人、被保险人的户籍证明、身份证件。

（5）重大疾病类理赔申请资料请参考保险合同条款的要求来提供。

（6）在医院门诊进行诊治的，应提供的门诊资料包括：完整且真实的门诊、急诊病历记录；姓名、日期等内容完整无误的门诊、急诊医疗费用正式收据；门诊、急诊检查检验报告单；发票所对应的处方或费用明细单。

（7）所能提供的与确认保险事故的性质、原因等有关的其他证明文件和资料。

Q9：有哪些保险咨询和投诉的途径？

可以拨打各保险公司全国统一服务电话咨询、向保险代理人咨询或到保险公司柜面咨询。如要投诉，可选择向保险公司、当地保险行业协会或当地保监局投诉。

Q10：财产保险理赔有哪些注意事项？

出险后，保户应通过正规索赔程序使损失得到赔偿，达到投保目的。

首先，要明确保险责任。必须确认出险是否在投保的范围内，只有发生的灾害、事故在投保的范围内，才能得到赔偿。

其次，要明白赔偿手续。在发生事故后，保户应立即向保险公司报案，如实反映事故的情况，填写出险报告，协助保险公司查勘事故现场。

Q11：车险理赔有哪些注意事项？

汽车保险与其他保险不同，出险后，申请理赔时要注意以下事项：

（1）48小时后报案可能被拒赔。

在车辆发生交通事故后，如果属于轻微事故范畴，可以在对现场进行拍照后自行拆解，并到交通事故快处快赔中心进行理赔。如果事故比较严重，或者损失数额比较大，驾驶员应该保留好第一现场，并及时向投保的保险公司报案，如果在事故发生48小时后再报案，保险公司就有权拒绝赔偿。

（2）贷款车出险需提交还款证明。

在事故处理完毕后，需将出险通知书、定损单、发票、被保险人有效身份证复印件、被保险人银行账户(储蓄账户)交至保险公司。如果是贷款车辆，须提交银行出具的按时还款证明。

（3）先修车后理赔不是正确流程。

大家要养成在车辆出险之后，第一时间报备保险公司的习惯。有些车主在出险后不是立刻向保险公司报案，而是先找修理厂，等到车子修理完毕之

后再找保险公司报销费用。这样在理赔时保险公司如果认定修理费用高出定损的费用，差额部分将需要由车主自行承担。

（4）不计免赔也有限制范围。

保险公司为了防范道德风险，对一些特定的事故定出单独的免赔规定。如果车主违规，如多次出险、超范围行驶、理赔证件不全等，保险公司不但有权拒绝赔偿，而且还会加扣免赔率，车主就会得不偿失。

Q12：在理赔时还有哪些事项要注意?

（1）需在规定的索赔有效期内（寿险为五年，意外险及健康险为两年）及时申请理赔。

（2）递交理赔申请书、委托书的必须是理赔受益人人身保险合同中由被保险人或者投保人指定的享有保险金请求权的人。文件上需有其亲笔签名。

（3）理赔申请书上需写明事故情况和申请险种。

（4）若受益人尚未成年可由监护人代理申请，同时需提供监护关系证明。

（5）就诊医院需是保险公司指定或认可的医院。

（6）医疗费用的收据与处方需互相对应。

（7）医疗收据的姓名与身份证需相符。

（8）需及时回复理赔审核通知书。

（9）住院医疗险一般都有等待期。

投保指南

一、三代同堂的家庭如何做好保险理财规划

【家庭背景】

30岁的孔女士目前在一家外资企业工作，丈夫在一家贸易公司工作，儿子3岁，由婆婆帮忙照顾。夫妻二人每月工资税后共为1.2万元，婆婆的退休金为每月1500元，可以负担自己的日常开销。另外，两人每月可以拿到3000元的补贴，还有一套房子用于出租，每月有2500元的租金收入。

全家每月的基本生活开销在4500元左右，两套房子每月共需还贷6000元，同时孩子的教育费支出每月约为1000元。这样算下来，家庭月结余为7500元左右。

目前，家庭现金及活期存款大约为4万元，股票投资6万元。为了规避家庭风险，孔女士为自己和家人购买了各种保险，包括意外险、养老险、重大疾病险等，每年保费支出近3万元。

【理财目标】

（1）虽然儿子现在才3岁，但再过一个月，儿子就要上幼儿园了，积攒儿子的教育金是孔女士最先确立的理财目标。孔女士希望在将来送儿子到国外读大学，让他受到更好的教育，如何建立出国留学教育基金是孔女士面临的难题。

（2）孔女士希望自己在50岁的时候能提前退休，并希望将生活水平维持在现在的水平上。家庭每年的保费支出是否合理？能否周全

地保障他们未来的生活？是否应该调整一下保险的结构和种类呢？

【理财分析与建议】

年收入超过10万元的家庭，在理财规划中，除投资房产外，可考虑购买投资型保险、基金、股票等。理财专家建议，在资产分配上须遵循一个基本原则——分散投资，就是不要把鸡蛋都放在同一个篮子里。因为不同金融品种的风险不一样，有时可以相互抵消。在同一个金融品种里也可以分散投资，比如买不同类型的股票和期限不同的债券等。

对于家庭的10万元金融资产，除留足了三个月的应急资金外，其余的资金建议分成三份（股票、基金、储蓄各占1/3的组合方案）。

（1）教育金：基金定投+保险。

因为孩子的上学年龄是固定的，教育费用支出受到时间的限制。选择保险是一种最稳健的方式，一方面具有半强制性储蓄的功能，另一方面又能通过保险公司专业人员的运作获得较好的收益。比如可以购买万能寿险，其具有最低保证收益，同时投保人可以根据资金的状况灵活追加，建议在适当的时候大额追加，这样可以弥补教育金相对于高额留学费用的不足，相对于单笔小额投入又可产生更高的回报。

同时，可以选择定期定额投资股票型基金来积攒教育金。小孩现在3岁，到上大学还有15年。预计目标支出金额大，如果不及早投资恐怕很难实现。在相同的条件下，如果投资期限长，就可以降低投资风险，获得较高的回报。

（2）养老金：多种配置手段。

补充养老金部分的配置手段有很多，包括购买养老保险、以房养老、投资基金等。

孔女士准备提前退休的时间距离现在长达20年，每月除去3000元用于教育金投资外，剩下的闲钱可用于养老金筹备。根据家庭总资产情况，孔女士一家属于具备中等偏上风险承受能力的投资人，可以制订风格偏积极的稳健型投资方案。

二、家有二孩如何做好保险理财规划

【家庭背景】

陆先生38岁，妻子36岁，有两个儿子，一个上初一、一个上初三。目前只有陆先生一个人做小生意，年收入为8万元左右。家里有存款30万元，没买房。目前在省城租房住，房租每月1200元。家里分别为两个孩子买了人寿保险，夫妻俩无社保、无商业保险，也没有任何理财产品。

【理财目标】

（1）攒钱给两个孩子将来上大学。

（2）打算6年后回老家的县城买一套铺面房，将来回家做生意，预计至少要60万元。

（3）夫妻俩需要制订针对自身的保障计划。

【理财分析与建议】

（1）教育规划。

陆先生要为两个孩子上大学攒钱，目前分别还有六年及三年的时间进行规划。建议陆先生在扣除房租及家庭日常开支之后，将结余部分通过五年以上期缴分红险以及基金定投的方式为两个孩子制定教育规划。

五年以上的分红险能从低风险的角度为孩子积累资金，同时可以分享我国基础建设成果的收益，享受保险公司的分红。期缴的投资方式也能降低投入的资金压力。基金定投与期缴分红险相结合进行投资，能分散将资金投入资本市场的风险，摊低投入的成本，更能分享资本市场的收益。

（2）资产增值规划。

陆先生打算六年后回老家县城购买铺面房，建议陆先生用现有的30万元存款进行适当增值，根据自身的风险承受能力进行一定比例的金融资产配置。因陆先生未进行过股票及基金等相关投资，可以从低风险的产品开始入手，考虑购买三至五年期的国债与风险程度较低的基金，比如保本型基金或债券型基金相结合的投资组合。同时因为陆先生平时做生意需要一定的流动资金，还可以考虑配置银行的短期理财产品。

六年以后当陆先生回老家准备做生意时，资本已积累到一定的程度，建议借助银行贷款来补充资金缺口。

（3）保险规划。

从整个家庭的保障出发，由于陆先生是整个家庭的经济支柱，所以首先要为陆先生配上定期寿险，以防家庭经济支柱发生意外时影响整个家庭。其次需要为夫妻二人购买医疗险和重疾险。最后由于夫妻俩都没有社保和商业保险，所以要为夫妻二人制定养老规划，建议配上一定比例的年金险。

三、计划生二胎的家庭如何做好保险理财规划

【家庭背景】

小孟与小菲都是独生子女，结婚五年，有一个3岁的女儿。小两口月收入均为8000元，且同在一家IT公司工作，年终奖加在一起共计6万元，单位五险一金齐全，且夫妻二人均又额外购买了意外险。目前家庭没有房屋贷款，存款共12万元，股票有2万元。由于符合生二胎的条件，小孟和妻子商量想在三年内再添个孩子。

【理财目标】

（1）由于社保只能够满足基本的医疗、养老保障要求，家庭保障略单薄，而且孩子未来的教育金储备、双方父母的医疗保障等问题会在未来几年内逐渐凸显，因此夫妻俩想改善目前的家庭保障情况。

（2）想要保证四口之家的幸福生活不受影响，就得做好家庭资

产的保值增值计划。

【理财分析与建议】

小孟的家庭收入构成以工资收入为主要来源，夫妻月收入16000元，月支出假设按照4000元计算，这样每月可结余12000元。加上年终奖金6万元，家庭年收入为25万元，年结余20万元，家庭结余比例为80%，高于合理比例50%，表明小孟家庭的储蓄力较强。另外家庭存款有12万元，股票有2万元，净资产上升空间大。

同时，我们可以看到，小孟的家庭资产分布结构中存款所占比重较大，证明家庭资产流动性比较好，降低了发生财务危机的可能性。

（1）做好充足的家庭现金储备。

小孟和太太月收入均为8000元，处于中等收入行列，有一个3岁的女儿，无房屋贷款，有一定数额的银行存款和股票，属于成长型家庭。同时，打算在三年内再生二胎，这样的话就意味着未来短期内可能会有较大的家庭支出，因此保证充足的资产流动性以应对突发性的家庭支出是非常必要的。

通常，应按照家庭月生活费用的3～6倍建立家庭备用金，即小孟可以拿出1.5万元以银行定活期存款的形式作为家庭备用金，以防不时之需。另外，可以从6万元的年终奖中拿出5万元购买货币市场基金，作为家庭应急金。一方面，小孟和太太需要赡养双方父母，因而要保证老人的基本生活、医疗费用；另一方面，如果打算未来三年内生二胎，就要提前准备好充足的备用资金，而货币市场基金不但收益高于活期存款，同时还可以提前两天通知，灵活取现，能够满足小孟家庭短期内变现的要求。

（2）对两个孩子的教育金应提前规划。

小孟的女儿今年3岁，未来会面临上小学、中学、高中以及大学的费用问题，大学教育四年，按照每年2万元的费用计算，一个孩子需要8万元的教育金。而且，小孟还打算生二胎，未来就面临着双倍的压力。

因此，提前做好教育金储备是当务之急。可以选择教育基金险，既可以实现强制储蓄的目的，还可以保证分红收益。鉴于小孟女儿较年幼，也可以选择适合家庭经济状况的少儿险种，未雨绸缪，缓解未来面临的子女教育压力。

（3）多样化投资推动资产增值。

小孟的家庭属于成长型家庭，适合稳健型投资。建议定期与定投相结合，在储蓄的基础上进行多样化投资组合，在保证安全性的同时实现合理收益。债券型和货币型基金相对而言安全性高，收益也高于银行存款，是目前较适合小孟家庭的基金类型。而指数型和股票型基金虽然收益更高但同时风险也较大，对于小孟这种抗风险能力不是很强的家庭来说不建议占比过大。

（4）强化重疾险、意外伤害险等保障。

小孟家庭的收入来源主要是小孟和太太的工资，作为家庭的经济支柱，一旦小孟或者太太发生意外将会对家庭经济产生极大的影响。现代社会工作节奏快、压力大，无形中造成了焦虑、担忧、恐慌、不安等负面心理情绪，以至于影响到人们的身体健康。客观地说，意外伤害无处不在，每个人都应该具备忧患意识，树立正确的保险及风险观念。因此，寿险、重疾险、意外伤害险及医疗险都是必须购买的。建议小孟和太太可以夫妻互保，即双方互为投保人和受益人，按照保险“双10”定律购买寿险和重疾险附加意外伤害险，选择收益和保障相结合的产品，降低家庭整体风险。